別冊 問題

大学入試
全レベル問題集
英語長文

共通テストレベル
改訂版

Obunsha

大学入試　全レベル問題集　英語長文
レベル２　[改訂版] 別冊（問題編）

目　次

英文 1 ……………………………………………………………………… 2
〔全文通し〕🔊 **01**

英文 2 ……………………………………………………………………… 6
〔全文通し〕🔊 **07**

英文 3 ……………………………………………………………………… 10
〔全文通し〕🔊 **12**

英文 4 ……………………………………………………………………… 14
〔全文通し〕🔊 **18**

英文 5 ……………………………………………………………………… 18
〔全文通し〕🔊 **24**

英文 6 ……………………………………………………………………… 22
〔全文通し〕🔊 **31**

英文 7 ……………………………………………………………………… 26
〔全文通し〕🔊 **40**

英文 8 ……………………………………………………………………… 32
〔全文通し〕🔊 **44**

英文 9 ……………………………………………………………………… 36
〔全文通し〕🔊 **49**

英文 10 ……………………………………………………………………… 42
〔全文通し〕🔊 **56**

編集部より

問題を解くときには英文音声は必要ありませんが，復習の際にはぜひ音声を利用して英文の通し聞きを繰り返しおこなってください。語彙やイントネーションの定着に，音声を介したインプットは非常に効果的です。

1

解答時間 **15** 分　287 words　解答解説は本冊 p.20

次の英文を読んで，あとの問いに答えなさい。

　　If someone were to ask you what language people in the United States speak in their own homes, your answer would probably be, "English, of course!" You might be surprised to learn, however, that that answer would be only 　(ア)　 correct.

　　For many years, *the U.S. Census Bureau, a part of the American government, has been investigating this language question. Currently, this is being done by asking people whether they (and/or their children 5 years old or older) speak something other than English at home. If the answer is "yes," then *follow-up questions are asked about which language is used and how well the person can speak English. Two important purposes of asking these 3 questions are to learn how many people have difficulty using English and to better understand (イ)how efforts to assist such people should be made.

　　Recent Census Bureau results indicate that about 79% of the 291.5 million people (aged 5 and over) in the U.S. speak only English at home. (ウ)Stated another way,

2

about 21% of the people speak a language other than English. Many of those people (about 58%), however, apparently can also speak English "very well."

The Census Bureau results show that speakers of "Spanish or Spanish *Creole" are, _____(エ)_____ , the largest group of "other language" users. They account for more than 60% of the "other language" people. After them come the speakers of Chinese, and then the speakers of *Tagalog, *Vietnamese, and French, in that order.

Just _____(オ)_____ how many different languages are spoken in American homes? The Census Bureau says that (カ)it doesn't have a definite answer to this, but that data collected several years ago indicated that more than 300 of them were being used at that time.

＊the U.S. Census Bureau「アメリカ国勢調査局」　＊follow-up「引き続いての」
＊Creole「クレオール語」　＊Tagalog「タガログ語」
＊Vietnamese「ベトナム語」

問1 空所 (ア), (エ), (オ) に入る３つの語 (句) が, 順不同で, 次のA～Cに示されている。意味の通る文章にするのに最も適切な配列を, ①～④の中から１つ選びなさい。

A. exactly　　B. by far　　C. partly

① A-B-C　　② B-C-A　　③ C-A-B　　④ C-B-A

問2 下線部(イ)の内容を最もよく表している日本語を①～④の中から１つ選びなさい。

① そのような人々を援助する取り組みがどのようになされるべきか

② 英語を使うのに苦労する人々を支援するために, いかなる試みが行われるべきだとしても

③ 英語を使えない人々が支援を受けるためにどれほどの努力をするべきか

④ そのような人々を援助することがいかに効果的であるべきか

問3 下線部(ウ)に最も近い意味を表す語を①～④の中から１つ選びなさい。

① exchanged　② exercised　③ expressed　④ expected

問4 下線部(カ)が指しているものはどれか, ①～④の中から１つ選びなさい。

① the U.S.　　　　　② the Census Bureau

③ English　　　　　④ a language

4

問5 次の中で本文の内容と一致するものを次の①〜⑥の中から2つ選びなさい。ただし,解答の順序は問いません。

① アメリカでは家庭でどんな言語を話しているかという調査が毎年行われている。

② 使用言語に関する調査では,英語をどの程度話せるかという問いも含まれている。

③ アメリカの全人口の約79%が家庭で英語を使っていると回答した。

④ アメリカでは家庭で英語を使わない人の約21%が英語を流ちょうに話せることがわかった。

⑤ アメリカの家庭で英語以外に多く使われている言語の順は,スペイン語,中国語,フランス語,ベトナム語,タガログ語である。

⑥ 数年前に集計されたデータによると,アメリカの家庭では当時,300より多くの言語が話されていることが明らかになった。

次の英文を読んで，あとの問いに答えなさい。

A study following lower-income families in New York found that babies who watch TV are more likely to have slower brain development at 14 months, especially if they are watching programs intended for adults. Babies who watch TV for 60 minutes daily had developmental scores one-third lower than (ア)those who didn't watch as much. Other studies examining higher-income families have also come to the same result: TV watching isn't good for learning, and it seems to slow down babies' development.

Then what about "good" TV programs intended for children? The researchers didn't find any negative or positive result on babies' development compared with non-educational programs designed for children. TV seems so often to be a good friend to parents, as (イ)it keeps babies happy while the grown-ups cook, answer the phone, or do other everyday work, but (ウ)it doesn't support educational development.

Why does watching TV cause slower brain development? One thing is clear: babies spend less time interacting with parents if they watch TV. Babies need interaction and simple but correct speech models to learn to talk, and they also need to play and do things together with parents for their learning and development. TV watching steals (エ)this time from them. Babies who watch TV do listen to it, but get no response from it when trying to communicate. Babies may smile at the TV enjoying what they see, but it will never smile back. Unlike parents, TV is not interactional.

The first two years is very important for the brain development of babies. If they watch TV during this time, no matter what the content is, they miss out on exploring and experimenting with things, and playing with parents, which are all necessary for developing their intelligence and social skills.

問1 本文の内容に合致するように(1)〜(5)の各文を完成させるにはどのように続ければよいか, 最も適当なものをそれぞれ a 〜 d から 1 つ選んで, 記号で答えなさい。

(1) When babies under 14 months watch TV program for an hour a day, they _____

    a. don't learn anything because they don't understand the contents.

    b. develop more skills as they can enjoy good programs.

    c. make good friends if programs are for babies.

    d. show slower brain development than those who don't.

(2) In terms of babies' brain development, good TV programs for children are _____

    a. not any more helpful than other programs.

    b. worse than those for grown-ups.

    c. more effective than the non-educational ones for children.

    d. educational helpers as long as they watch them less than 60 minutes daily.

(3) For babies, watching TV is _____

    a. not recommended as some programs damage their brains.

    b. good because they can learn many words from it.

    c. not helpful for learning to talk and interacting with people.

    d. useful when they watch programs for babies alone.

(4) Unlike parents, TV _____

    a. makes babies laugh with funny stories.

    b. corrects babies' speech without their noticing it.

    c. helps babies' educational development.

    d. can entertain babies but not interact with them.

(5) For better brain development, parents should _____

    a. let babies watch TV programs for children.

    b. talk and interact more with babies.

    c. let babies talk and play alone with the TV.

    d. do things together with babies for at most an hour a day.

(1)	(2)	(3)	(4)	(5)

問2 下線部(ア)～(エ)の内容を最もよく表している日本語をそれぞれ a ～ d から1つ選んで, 記号で答えなさい。

(1) (ア)<u>those who didn't watch as much</u>

    a. 1日1時間以上テレビを見る親

    b. 赤ん坊と一緒にテレビを見ない親

c. 1 日 1 時間もテレビを見ない赤ん坊

d. 1 日に最低 1 時間はテレビを見る赤ん坊

(2) (イ) it keeps babies happy

a. テレビを見ている間は赤ん坊の機嫌がよい

b. テレビをつけておくと赤ん坊はよく眠る

c. テレビを見ると赤ん坊はよく笑うようになる

d. テレビを見ることで赤ん坊に友達がたくさんできる

(3) (ウ) it

a. 親が料理をしたり，電話をしたり，日常のさまざまな家事をすること

b. テレビ

c. 子どもが幸せになること

d. 親の友達

(4) (エ) this time

a. 親と交流する時間

b. 最初の 2 年間

c. 親がさまざまな家事をする時間

d. テレビを見る団らんの時間

(1)	(2)	(3)	(4)

問3 本文に題をつけるとすればどのような題がよいか，全体の内容を最もよく表している題を a ～ d から 1 つ選んで，記号で答えなさい。

a. TV and Language Development

b. Good TV Programs for Babies

c. TV as an Educational Helper

d. TV's Effect on Baby Development

次の英文を読んで，あとの問いに答えなさい。

Doctors say the most effective way to prevent the spread of disease is for people to wash their hands with soap and water. There are programs around the world to increase hand-washing with soap. One million lives could be saved each year if people washed their hands with soap often.

Hand-washing kills *germs from other people, animals or objects a person has touched. When people get *bacteria on their hands, they can *infect themselves by touching their eyes, nose or mouth. Then these people can infect other people. The easiest way to catch a cold is to touch your nose or eyes after someone nearby has *sneezed or coughed. Another way to become sick is to eat food prepared by someone whose hands are not clean.

Hand-washing is especially important before and after preparing food, before eating, and after using the toilet. People should wash their hands after handling animals and after cleaning a baby. Doctors say it is also a good idea to wash your hands after handling money and after sneezing or coughing. It is important to wash your hands often when someone in your home is sick.

The most effective way to wash your hands is to rub them together after putting soap and warm water on them. Doctors say you do not have to use special *anti-bacterial soap. Be sure to rub all areas of the hands for about ten to fifteen seconds. The soap and the rubbing action remove germs. Rinse the hands with water and dry them.

People using public restrooms should dry their hands with a paper towel and use the towel to turn off the water. Doctors also advise using the paper towel to open the restroom door before throwing the towel away in order to help you avoid getting the germs of people who did not wash well.

＊germ「病原菌」　　＊bacteria「ばい菌」　　＊infect「感染させる」
＊sneezed「くしゃみをした」　　＊anti-bacterial「抗菌用の」

問 次の英文 (ア) ～ (ソ) の中から，本文の内容と一致するものを 5 つ選びなさい。

(ア) Washing your hands is an effective way to spread disease.

(イ) There are programs around the world to prevent people from washing their hands with soap and water.

(ウ) If people washed their hands with soap often, one million lives could be saved each year.

(エ) Hand-washing can prevent disease by killing germs.

(オ) People never infect themselves by touching their eyes, nose or mouth.

(カ) Touching your nose or eyes after someone nearby has sneezed or coughed can cause you to catch a cold.

(キ) It is important to wash your hands before preparing food but not after.

(ク) Handling animals and cleaning babies is a good way to keep your hands clean.

(ケ) When someone in your home is sick, it is always because they have handled money after sneezing or coughing.

(コ) Rubbing your hands together after putting soap and warm water on them is the most effective way to wash your hands.

(サ) Doctors say that it is important to use special anti-bacterial soap.

(シ) You should rinse hands with very hot water before rubbing them for about ten to fifteen seconds.

(ス) There are many germs on paper towels in public restrooms, so you should not turn off the water with them.

(セ) Doctors also advise people not to use public restrooms.

(ソ) Opening a public restroom door with the towel you used to dry your hands can help you avoid getting germs on your hands.

12

13

次の英文を読んで，あとの問いに答えなさい。

Although people everywhere seem to enjoy drinking coffee, they do not all have the same coffee culture. (ア)In Europe, for example, coffee shops are common places for people to meet friends and to talk while they drink coffee. On the other hand, locations like this were not as common in North America in the past. Instead, people in North America tended to drink coffee in their homes with their friends. The coffee culture in the USA changed when Starbucks coffee shops spread across the country.

The first Starbucks coffee shop opened in 1971 in downtown Seattle, Washington, in the USA. It was a small coffee shop that ⎡   (イ)   ⎤ its own coffee beans. The coffee shop's business did well, and by 1981 there were three more Starbucks stores in Seattle.

Things really began to change for the company in 1981. That year, (ウ)Howard Schultz met the three men who ran Starbucks. Schultz worked in New York for a company that made kitchen equipment. He noticed that Starbucks ordered a large number of special coffee makers, and he was curious. Schultz went to Seattle to see what Starbucks did. In 1982, the original Starbucks owners hired Schultz as the company's head of marketing.

In 1983, Schultz traveled to Italy. The unique atmosphere of the espresso bars there caught his ▢(エ)▢. (オ)Back in the USA, Schultz created an atmosphere for Starbucks coffee shops that was comfortable and casual, and customers everywhere seemed to like it. Starbucks began opening more locations across the USA. Then the company opened coffee shops in other countries as well. Today, there are more than 16,000 Starbucks coffee shops worldwide.

▢(カ)▢, that does not mean Starbucks has not had problems. As a matter of fact, many Starbucks locations have closed over the past few years. In some cases, this is because there were too many coffee shops competing for business in one small area. In other cases, locations in some countries closed because the coffee culture there did not match with the "feel the same everywhere" atmosphere offered by Starbucks.

15

問1　下線部(ア)を日本語に直しなさい。

_____

_____

問2　空所(イ)に入れるのに最も適した語を次から1つ選びなさい。
① cooked　　② boiled　　③ roasted　　④ burned

問3　下線部(ウ)について本文中に述べられているものに〇, 述べられていないものに×をつけなさい。
(1)　ニューヨークで生まれた。
(2)　スターバックスの創業者である。
(3)　台所用品の製造会社に勤めていた。
(4)　コーヒーメーカーを大量に注文した。

(1)　　　　　(2)　　　　　(3)　　　　　(4)

問4　空所(エ)に入れるのに最も適した語を次から1つ選びなさい。
① ear　　　② eye　　　③ arm　　　④ heart

問5 下線部(オ)を日本語に直しなさい。

_____

_____

_____

問6 空所 (カ) に入れるのに最も適した語を次から 1 つ選びなさい。
① So ② Therefore ③ Though ④ However

問7 本文の内容に合っているものを次から 2 つ選びなさい。
① かつてのアメリカ合衆国では, コーヒーはあまり飲まれなかった。
② スターバックスの第 1 号店はシアトルでオープンした。
③ ハワード・シュルツは多くの優秀な人材をヘッドハンティングした。
④ ハワード・シュルツはイタリアを旅行して大のエスプレッソ好きになった。
⑤ アメリカ以外で 16,000 以上のスターバックスがある。
⑥ ヨーロッパでは, 最近数年間で多くのスターバックスが閉店に追い込まれた。
⑦ スターバックスの店はどこでも同じ感じがする。

17

5

解答時間 **20** 分　　356 words　解答解説は本冊 p.62

次の英文を読んで, あとの問いに答えなさい。

　　The Internet has become an important part of our modern lives. In fact, it is impossible for many people to imagine a day without some contact with the Internet. Most people use it to shop, send e-mail, and for social networking. However, some people (ア) [much / find / they / time / control / online / how / it / to / spend / hard] .

　　So, how much Internet is too much Internet? (イ)Experts agree that people who use the Internet so much that it causes problems with their daily activities are spending too much time online. They say that some people may actually be *addicted to the Internet in 　　(ウ)　　 the same way as some people are addicted to gambling or alcohol. Signs of Internet addiction include spending more and more time online, reducing or giving up social, work-related, or hobby-related activities in favor of spending time online, and giving up sleep to spend time on the Internet.

　　Experts say that this becomes a real problem when a person starts experiencing problems sleeping, problems in their home and work life, or problems in social relationships. People who use the Internet excessively also seem to be more likely to show signs of *depression.

How do you know if you are spending too much time online? Some common warning signs include checking your e-mail every few minutes, always thinking about your next online session, and getting complaints from the people around you about how much time you spend online.

Showing any of these signs may mean that you are on your way to becoming addicted to the Internet. However, experts agree that there is hope. They say that simply understanding that spending too much time online is a problem may be the first step to solving the problem. They believe that, in most cases, doing something as simple as creating a better system for managing your time online can solve the problem.

The Internet is a wonderful tool for communicating and finding information. However, as with most things in life, you have to learn to use it carefully, and make sure you keep a healthy balance between being online and the other important things in your life.

＊addicted「中毒の」　　＊depression「うつ病」

問1 (ア)の[　　]内の語を文意に合うように並べ替えなさい。

問2 下線部(イ)を日本語にしなさい。

問3 空所(ウ)に入れるのに最も適当なものを①～④の中から1つ選びなさい。

① very　　　② much　　　③ more　　　④ most

問4 以下の問いに対する答えとして最も適当なものを，それぞれ①～④の中から1つずつ選びなさい。

(1) In the passage, which of the following is NOT mentioned about most people's use of the Internet?

① They use it for shopping.

② They use it for hobby-related activities.

③ They use it to send e-mail.

④ They use it for social networking.

(2) What does the author say about Internet addiction?

① Those who are addicted to gambling are also addicted to the Internet.

② Spending more time in work-related activities is a sign of Internet addiction.

③ Giving up social activities is a sign of Internet addiction.

④ Those who are addicted to the Internet are also addicted to alcohol.

(3) According to the passage, which of the following is <u>NOT</u> true about people who use the Internet too much?

① They sleep very well.

② They are more likely to show signs of depression.

③ They check their e-mail every few minutes.

④ They have problems in their home and work life.

(4) What is suggested as the first step to overcoming the problem of Internet addiction?

① To get complaints from the people around you.

② To recognize that too much time spent online is a problem.

③ To create a better system for checking your e-mail.

④ To think about your next online session every few minutes.

(5) Which of the following should be the title of this passage?

① Signs and solutions of Internet addiction

② History of Internet addiction

③ Advantages and disadvantages of the Internet

④ Young people with Internet addiction

(1)　　　　(2)　　　　(3)　　　　(4)　　　　(5)

21

次の英文を読んで，あとの問いに答えなさい。

The United Nations has named March 22nd World Water Day to focus attention on the importance of fresh, clean water and to promote the (ア)sustainable management of fresh water resources.

Almost one billion people — one seventh of the world's population — suffer from constant hunger, a crisis that could become (イ)more intense as the global population grows. Our ability to increase food production will require (ウ)sufficient water and ways to predict how much water will be available for people to grow food. More than 70 percent of the water used in the world goes towards agriculture. In many developing countries, the amount used for agriculture is more than 90 percent.

Seven billion people live on this planet, with another 2 billion predicted by 2050. Each one of us drinks two to four liters of water daily, but we consume much more as part of the food we eat. It takes around 1,500 liters of water to (エ)produce a kilo of wheat and ten times that amount for a kilo of beef.

As urban populations and economies increase, so do water demands for cities and industry, leaving less for agriculture. Competition between cities and the countryside is increasing. That means there will be less water for small farmers and fishermen who cannot (オ)make a living without it.

Food security is critically dependent on a supply of clean water. We must make it a priority to reduce water pollution. We must develop more efficient water supply systems, (カ)eliminate leaks, and make sure that water is stored and (キ)distributed properly.

We also need to protect the purity of water resources and wetlands that support fisheries. They provide a significant source of protein to 2.5 billion people in developing countries.

Water and sanitation should be priorities in national development plans and strategies. Money should also be provided to meet these goals. Communities and governments should work towards meeting the basic needs of their people to (ク)achieve food security.

We need to increase water supplies through better resource management. We also need to reduce the demand for water by (ケ)employing more efficient irrigation technology. Individuals, communities and governments must all work together. Water scarcity is a global challenge, but the solutions are often local.

問1 下線部（ア）～（ケ）の語句の文中での意味に最も近いものを，（A）～（D）の中から1つ選びなさい。

（ア）　（A）lasting　　（B）risky　　（C）temporal　　（D）natural

（イ）　（A）better　　（B）lighter　　（C）calmer　　（D）worse

（ウ）　（A）fluent　　（B）enough　　（C）wealthy　　（D）efficient

（エ）　（A）include　　（B）dispose　　（C）grow　　（D）flood

（オ）　（A）get shelter　（B）lack food　（C）save face　（D）earn money

（カ）　（A）stop　　（B）start　　（C）increase　　（D）rise

（キ）　（A）put off　　（B）left off　　（C）taken out　　（D）given out

（ク）　（A）lose　　（B）ruin　　（C）gain　　（D）collect

（ケ）　（A）inventing　　（B）working　　（C）modifying　　（D）using

（ア）☐　（イ）☐　（ウ）☐　（エ）☐　（オ）☐

（カ）☐　（キ）☐　（ク）☐　（ケ）☐

問2 次の(1)～(6)の英文の空所に入る最も適切なものを，（A）～（D）の中から1つ選びなさい。

(1)　According to paragraphs 1 and 2, _____

　　（A）the United Nations has focused on a market for fresh water.

　　（B）about one out of seven people is under the threat of hunger.

　　（C）world population growth isn't connected with the management of water resources.

　　（D）only a small amount of water is used for agriculture in many developing countries.

(2)　According to paragraphs 2 and 3, _____

　　（A）we should improve our ability to predict when to grow more food.

　　（B）world population is expected to reach 9 million in 2050.

　　（C）one person drinks about 14 to 28 liters of water a week.

24

（D）1,500 liters of water are needed to produce a kilo of beef.

(3) According to paragraph 4, _____
- （A）people living in urban areas do not need much water.
- （B）farmers always compete with fishermen to make a living.
- （C）economic growth has made more water available for agriculture.
- （D）some people won't be able to live by farming due to competition for water.

(4) According to paragraphs 5 and 6, _____
- （A）food security is subject to the availability of water.
- （B）if we reduce water pollution, efficient water supply systems won't be necessary.
- （C）fisheries have a positive effect on water purity.
- （D）people in developing countries need to get more protein.

(5) According to paragraphs 7 and 8, _____
- （A）communities and governments should work independently on water issues.
- （B）financial support isn't necessary for food security.
- （C）water supplies can be maintained by good resource management and efficient technology.
- （D）people don't need a global perspective when they try to solve local problems.

(6) The best title for the passage is "_____"
- （A）The Population Explosion.
- （B）Water and Food Security.
- （C）An Analysis of Public Sanitation.
- （D）Water Shortage in Africa.

(1) [ ]　**(2)** [ ]　**(3)** [ ]　**(4)** [ ]　**(5)** [ ]　**(6)** [ ]

次の英文を読んで, あとの問いに答えなさい。

(ア)They didn't eat pizzas, curry, or cake. They hunted animals, caught fish and collected nuts and berries from the forest. Some say these early *Palaeolithic humans, living between 2.5 million and 10,000 years ago, had just the right diet for modern living. (イ)The argument for the Palaeolithic diet is that the human body adapted to life during the Stone Age, and because it has changed very little since then, it would be better for us to follow the pre-agricultural hunter-gatherers' diet.

(ウ)Proponents of this diet advocate avoiding all dairy products and grain-based foods like pasta, bread or rice. They argue that modern disorders like heart disease, *diabetes and cancer have arisen primarily from the (エ)incompatibility between our modern diet and our prehistoric anatomy. It is argued that we should follow this diet because our bodies, and especially our *digestive systems, have evolved based on it. Consuming dairy products or any agriculturally-based food is said to be challenging both evolution and our bodies. (オ)Evolutionary biologists argue otherwise. They say that because different genes change at different rates, we can't expect to be genetically identical to people living in the Stone Age. In fact, humans have been constantly evolving.

Whether or not we are genetically identical to cave people, it is of course still possible that the Palaeolithic diet could be better for us. (カ)<u>Few would argue that eating only highly processed foods is good, or that we wouldn't benefit from eating some more fruit and vegetables</u>. Moreover, studies have shown that people do tend to lose weight faster on the Palaeolithic diet, even though they tend to follow it only for a few weeks. So, while there's no hard and fast evidence yet that we should be eating like cave people, it is of course unhealthy to follow a diet that mainly consists of highly processed foods like white bread and sugary cereals. Yet this doesn't mean that all dairy products and grains should be avoided. When (キ)<u>(comes, it, losing, to, weight)</u>, the advice is still pretty dull — eat less and exercise more — which is probably why any diet claiming to have found an alternative seems appealing. Unfortunately, it seems that (ク)<u>there's still no magic bullet</u>.

*Palaeolithic「旧石器時代の」   *diabetes「糖尿病」   *digestive「消化の」

27

問1 下線部(ア)は具体的には何を指しているか, 本文中から英語を抜き出して書きなさい。

問2 下線部(イ)の内容として最も適当なものを①〜④の中から1つ選びなさい。
① 人類は現代においても石器時代の食べ物を好む傾向がある。
② 人類は石器時代から身体的にほとんど進化していない。
③ 人類はその誕生からほとんど進化していない。
④ 人類はもともと石器時代の食べ物に適した身体を持っていた。

問3 下線部(ウ)の人々が摂取をすすめない食べ物として最も適当なものを①〜④の中から1つ選びなさい。

① almonds　　②　bananas　　③　steak　　④　yogurt

問4 下線部(エ)の意味に最も近い単語を①〜④の中から1つ選びなさい。
① comparison　②　cooperation　③　mismatch　④　similarity

問5 下線部(オ)の主張に合うものとして最も適当なものを①～④の中から１つ選びなさい。

① 人類は原始時代から進化していないので，現代人にとって旧石器時代の食生活は抵抗感が少ない。

② 人類は生物学的に絶えず進化しているので，現代人にとって旧石器時代の食生活が身体に合うとは必ずしも言えない。

③ 人類はそれぞれ違う遺伝子を持っているので，現代人にとって旧石器時代の食生活が合うかどうかは人による。

④ 人類は文化的に大きな進化をとげているので，現代人にとって旧石器時代の食事は口に合わない。

問6 下線部(カ)で筆者が言おうとしていることの例として最も適当なものを①～④の中から１つ選びなさい。

① 牛肉は体に必要なタンパク質の供給源なので，ハンバーガーは毎日食べても問題ない。

② 果物は体に良いので，ゼリーなどの加工食品でも出来るだけたくさん摂るべきである。

③ 現代人は野菜が不足しがちなので，外食時にサラダを必ず頼むようにすると良い。

④ 白米は日本の伝統的な主食なので，パンを食べるより白米中心の生活にした方が健康的だ。

問7 本文の内容に合うように，下線部(キ)の語を並べ替えて書きなさい。

問8 下線部(ク)にある magic bullet の意味に最も近いものを①〜④の中から1つ選びなさい。

① broad agreement　　② clever trick

③ deadly weapon　　　④ perfect solution

問9 本文の内容に合っているものを次から3つ選びなさい。

① 旧石器時代の食生活は，進化をとげた現代人の身体には合わないということが定説になっている。

② 石器時代の人間は，大規模な農業を行っていた。

③ 旧石器時代の人間は，動物性タンパク質のみを摂取していた。

④ 人間の消化器官は，旧石器時代の食生活にもとづいて発達してきたと考える人もいる。

⑤ 穀物を一切摂取しなくても健康に問題はない，ということは誰もが認めている。

⑥ 人間の身体が常に進化し続けているというのは，素人の考えである。

⑦ 短期間でも旧石器時代の食生活を実践すると，体重が落ちやすいという結果が出ている。

⑧ 白パンや，砂糖をまぶしたシリアルを中心とした食事を推奨する学者たちもいる。

⑨ 体重を落としたかったら，摂取カロリーを制限し，運動量を増やすしかない。

⑩ 石器時代の人間の食生活をまねることが，画期的な食生活の改善につながるということは，疑いようのない真実である。

31

8

解答時間 **20** 分　**375** words　解答解説は本冊 p.103

次の英文を読んで，あとの問いに答えなさい。

　A cat's home range has no specific boundaries; it is simply the area within which there are a number of favorite places which it regularly visits, plus a network of pathways which it ⬚ (ア) ⬚ to get to them. Country cats may range over as much as sixty acres. Suburban and city cats are much more restricted because of such ⬚ (イ) ⬚ as streets and buildings.

　In either situation, though, several cats may use the same geographical area as a home range, each having its own special hunting grounds or resting places within it.

　Researchers have watched how cats whose ranges overlap solve the problem of using the same pathways. ⬚ (i) ⬚ cat, upon spotting ⬚ (ii) ⬚ moving along a path, holds back until ⬚ (iii) ⬚ cat has disappeared. If two cats see each other approaching a junction of two paths, both may sit down at a distance from the crossroads and try to wait longer than the other. One cat may eventually make a fast run across the junction, or both may turn around and go back in the ⬚ (ウ) ⬚ from which they originally came. They try

32

to ⬛ (エ) ⬛ confrontation, even if one of the cats has already established itself as dominant to the other. If, for example, an inferior cat is already walking down a pathway when a superior cat approaches, the ⬛ (iv) ⬛ cat sits down and waits until the road is ⬛ (v) ⬛. Nor does it drive an inferior cat away from its own favorite sunning spot.

For many small animals, (A)the mere sight of another of its species is not enough to cause aggressive behavior. That cats know what cats look like has been shown by researchers who have watched *feline reactions to pictures of variously shaped abstract forms and animal silhouettes. The usual behavior of a cat in this test situation is to approach the cat silhouette cautiously and then, sometimes, to make an angry sound when the pictured cat ⬛ (オ) ⬛ to respond to its signals. A cat who sees itself in a mirror also approaches the "animal" it has just sighted in a friendly spirit. Unable to locate a flesh-and-blood cat in front of the mirror, the real cat often searches behind the mirror, and (B)when this does not work, it rapidly loses interest.

*feline「ネコ科の」

問1 空所（ア）から（オ）に入れるのに最も適切なものをそれぞれ１つ選びなさい。

- **（ア）** ① catches　② loses　③ misses　④ travels
- **（イ）** ① attempts　② barriers　③ favorites　④ symbols
- **（ウ）** ① country　② direction　③ distance　④ time
- **（エ）** ① avoid　② expect　③ understand　④ watch
- **（オ）** ① cares　② fails　③ forgets　④ stops

（ア）⬚　（イ）⬚　（ウ）⬚　（エ）⬚　（オ）⬚

問2 空所（ i ）（ ii ）（ iii ）に入る言葉の並びとして最も適切なものを，①〜④の中から１つ選びなさい。

- ① Another - one - the other
- ② Another - the other - one
- ③ One - another - the other
- ④ One - the other - another

⬚

問3 空所（iv），（ v ）に入る言葉の並びとして最も適切なものを，①〜④の中から１つ選びなさい。

- ① inferior - clean
- ② inferior - clear
- ③ superior - clean
- ④ superior - clear

⬚

問4 下線部 (A) (B) の意味として最も適切なものをそれぞれ 1 つ選びなさい。

(A) ① 同じ種類の動物を目にするだけでは

② 別の種類の動物を目にするだけでは

③ 同じ種類の動物によって見られるだけでは

④ 別の種類の動物によって見られるだけでは

(B) ① 鏡に映る猫がいなくなると

② 鏡の前にいる猫を探すことができないと

③ 鏡の後ろを探しても猫が見つからないと

④ 鏡に映る猫を見つけることができないと

(A) ⬚　(B) ⬚

問5 次の各文について, 本文の内容と一致するものには①を, 一致しないものには②を, それぞれ書きなさい。

(a) Country cats use a very big area as a home range, which they rarely share with other cats.

(b) When two cats see each other approaching a junction of two paths, they try not to cross it at the same time.

(c) A cat can distinguish another cat from other animals.

(d) When a cat sees its own shape in the mirror, it walks up to the "animal" it has seen.

(a) ⬚　(b) ⬚　(c) ⬚　(d) ⬚

35

9 解答時間 **20** 分　**399** words　解答解説は本冊 p.117

次の英文を読んで，あとの問いに答えなさい。

When people travel, they sometimes prefer not to stay in hotels. Then, they stay in other people's homes. These accommodations are called "Bed and Breakfast", or "B & B". These places are a nice way to meet people, but it is not always easy to find the right one. Recently, a service has started (ア)that helps people find places to stay when they travel. The service is called Airbnb. Airbnb has a free website (イ)that lets people find accommodation which is similar to a "B & B" before they go on their holidays. It works like any holiday booking site: travelers go online, select the dates they wish to travel and pick a place to stay. The places on offer tend to be the apartments and houses of ordinary people who are looking to make some extra money.

Hosts can register on the site for free, set a price per night for their accommodation and upload pictures of their homes. They can even set house rules. A stay in an Airbnb property is thought to be cheaper than one in a hotel.

Airbnb began in 2008 after two of its founders decided to offer their San Francisco apartment to

36

travelers coming to the city for a conference. Since then it has become very popular. People can now stay in Airbnbs in 34,000 cities in 190 countries. More than 40 million people have booked a trip using the site. Airbnb charges both its guests and its hosts a fee for arranging stays. Hosts are charged 3% of the cost of the room to pay for expenses. Guests are charged 6-12% depending on the price of the room.

In some areas in which Airbnb is operating, there are rules about renting out a home. New York, | (A) |, does not allow short-term rentals (fewer than 30 days) unless the owner is also living there.

Other concerns include standards of local housing, laws and regulations, and security risks. There have been some cases of guests stealing or destroying property. Some owners have complained about people renting houses to hold parties (ウ)that have caused damage to homes.

| (B) |, there are no signs (エ)that Airbnb's growth is slowing. It has recently started to use TV advertisements in order to attract even more people to the site. In the future, Airbnb hopes to expand into the Chinese and the business travel markets.

問1 下線部（ア）〜（エ）の中から，ほかと異なる用法のものを１つ選びなさい。

問2 本文中の空所（A）・（B）に入るべき適切なものを，①〜④の中から１つずつ選びなさい。なお，文頭に来るべきものも小文字で示してある。

① for example   ② therefore   ③ on the other hand   ④ however

(A) ⬜   (B) ⬜

問3 本文の内容に合うように，次の(1)〜(6)の各質問に対する適切な答えを，それぞれ①〜④の中から１つずつ選びなさい。

(1) What is Airbnb?

① It is a holiday booking site for people who run hotels and apartments.

② It is a website for people to provide information about free rooms.

③ It is a website which allows people to rent their homes and apartments to travelers.

④ It is a website for people to sell their houses or apartments to make money.

(2) What has happened to Airbnb recently?

① The number of Airbnb users has increased quite rapidly.

② The founders of Airbnb have become very popular at conferences.

③ It has become popular among people who love to stay at expensive homes.

④ About 34,000 cities in 190 countries have developed their own websites.

(3) How does Airbnb make money?

① The service is free for both its hosts and guests.

② It charges some amount of money for accessing the site.

③ The owner of the website charges people when they log in.

④ Both hosts and guests pay a fee when an arrangement to stay is made.

(4) Which of the following risks for owners of Airbnb is NOT mentioned in the passage?

① Some guests may steal from the owners.

② The owners' property might get damaged.

③ Some guests may try to avoid paying for their stay.

④ The owners' property might be used for parties.

(5) Who can be an Airbnb host?

① Anyone without houses or apartments.

② Home owners who can offer their property to travelers.

③ People who have trouble with their own houses.

④ People who pay taxes to the city.

(6) What is the future for Airbnb?

① The business will probably continue to expand.

② The business is certain to slow down in a few years.

③ Airbnb will need more Chinese and business travelers to survive.

④ People are having problems with Airbnb, and it may end the service soon.

(1)	(2)	(3)	(4)	(5)	(6)

問4 本文のタイトルとして最も適切なものを①〜④の中から1つ選びなさい。
① A New Type of Accommodation System
② A Travel Style Becoming Popular Around the World
③ How to Find a Cheaper Place to Stay
④ Where to Stay for an Overseas Trip

問5 次のグラフのうち，Airbnb の利用者数の推移を表すグラフとして，本文の内容に合致するものを①〜④の中から選びなさい。

①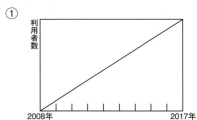

②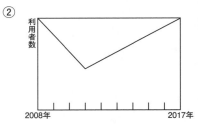

③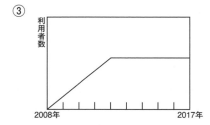

④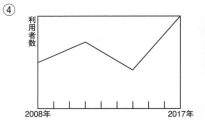

41

10

解答時間 **25** 分　**443** words　解答解説は本冊 p.131

次の英文を読んで，あとの問いに答えなさい。

　　Many people worry about memory loss. It is normal to lose memory as you get older. In fact, memory loss can begin when someone is in their twenties. But how much of your memory do you have to lose, and how quickly does it have to happen? Research on the brain and memory is a huge area these days. Doctors are looking for ways to help people improve their memory and possibly prevent loss.

　　Let us look at one program to help memory, called The Boot Camp for the Brain. What is The Boot Camp for the Brain? It is a two-week program developed by a *psychiatrist named Gary Small. His program (ア)combines four elements: a special diet, daily physical activity, stress relieving exercises and, of course, memory exercises. The memory exercises take about 15 minutes a day. Dr. Small claims that this combination can improve your brain's function.

　　Michele Rubin is one of Dr. Small's success stories. Rubin is a 46-year-old mother of three teenagers. At the start of the program, her memory tested as average for her age. When she took memory tests after the program,

42

her memory was equal to a 20-year-old person. Rubin says that a few years ago she started to feel that she was forgetting things and that her memory was not as good as it used to be. She says that the program was life-changing. Since completing the program, in addition to exercising more and improving her diet, she has started using memory (1)strategies, reading non-fiction and doing crossword puzzles. She also helps her children with their math homework as a way to work her brain.

Dr. Small says that he has evidence that the two-week boot camp program (7)does in fact change the brain. He did a study with 17 volunteers. All of the volunteers had mild memory complaints. Dr. Small randomly chose eight people to participate in The Boot Camp for the Brain, and the remaining nine people did nothing different.

They did brain scans on all 17 people before and after the program. Dr. Small says that the eight people who participated developed significantly more efficient brain cell activity in a front part of the brain that controls everyday memory tasks. The people who participated also said that they felt less forgetful after the program.

Dr. Small emphasizes that this study was very

small and that a larger study is needed. But he still feels that the results are important. Other scientists say they are cautiously optimistic about Small's approach. They feel more research is needed, but say it is possible that The Boot Camp for the Brain could (エ)delay serious memory problems.

＊psychiatrist「精神科医」

問1 記憶力低下はどの年代から始まる可能性があるか，最も適当なものを①〜④の中から１つ選びなさい。
① 10 代　　　② 20 代　　　③ 30 代　　　④ 40 代

問2 下線部(ア)の意味として最も適当なものを①〜④の中から１つ選びなさい。
① features　　② includes　　③ improves　　④ selects

問3 Gary Small の考案したプログラムに含まれていないと推測されるものを①〜④の中から１つ選びなさい。
① jogging, swimming, or walking every day
② eating something good for the brain and memory
③ 15 minutes of memory exercises a day
④ watching a show on the television and reading fiction

44

問4 Michele Rubin について述べられているものを①〜④の中から1つ選びなさい。

① Her memory is much worse than that of the average people of her age.

② Dr. Small failed to improve her memory with his memory exercises.

③ She has three children who each raise teenagers of their own.

④ She exercises her brain by helping her children with their studies.

問5 下線部(イ)の意味に最も近いものを①〜④の中から1つ選びなさい。

① methods　　② records　　③ guidances　　④ contests

問6 下線部(ウ)の does に最も近い用法のものを①〜④の中から1つ選びなさい。

① He usually <u>does</u> his homework after dinner.

② It is widely known that smoking <u>does</u> us more harm than good.

③ He <u>does</u> love his wife, but she doesn't.

④ I can write better than my brother <u>does</u>.

45

問7 第4段落の内容に合致し<u>ない</u>ものはどれか, ①〜④の中から1つ選びなさい。

① Seventeen people were studied in the research.

② Dr. Small chose eight people to do the two-week program.

③ Before the test, some of the volunteers had a problem in their memory.

④ Nine people were chosen for comparison and did nothing special.

問8 第5段落では, 2週間のプログラムを受けた人にはどのような変化があると書かれているか, 最も適当なものを①〜④の中から1つ選びなさい。

① プログラムの成果を調べて欲しいと言う人が多くなる。

② 記憶力が良くなるので, 頭の回転が速くなる。

③ 脳の記憶に関係する部分が活発に活動するようになる。

④ 少しだが忘れやすくなったという人があることも報告されている。

問9 下線部(エ)の delay の意味に最も近いものを①〜④の中から1つ選びなさい。

① slow　　　② lighten　　　③ protect　　　④ solve

問10 この文章のタイトルとして最も適当なものを①〜④の中から1つ選びな
さい。

① Memory and Exercise

② Age and Memory Loss

③ What Are Brain Cells?

④ The Boot Camp for the Brain

出題校一覧：
英文1： 広島経済大
英文2： 岐阜聖徳学園大
英文3： 九州産業大
英文4： 帝京平成大
英文5： 麗澤大
英文6： 摂南大
英文7： 藤女子大
英文8： 実践女子大
英文9： 阪南大
英文10： 大阪学院大

〔大学入試 全レベル問題集 英語長文 レベル2［改訂版］〕 別冊　　　　　　　　　　　　　　S3d220

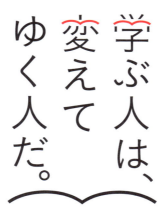

学ぶ人は、
変えて
ゆく人だ。

目の前にある問題はもちろん、
人生の問いや、
社会の課題を自ら見つけ、
挑み続けるために、人は学ぶ。
「学び」で、
少しずつ世界は変えてゆける。
いつでも、どこでも、誰でも、
学ぶことができる世の中へ。

旺文社

大学入試

全レベル問題集
英語長文

駿台予備学校講師 三浦淳一 著

2 共通テストレベル

改訂版

はじめに

　大学受験に向けた英語学習は，書店の学習参考書コーナーに行けばすぐにわかるとおり，とても細分化されています。単語・熟語，文法・語法，構文，英作文，長文読解，リスニング，会話表現，発音・アクセント…

　これを1つずつやっていたら，何年かかっても終わりそうにありません。

　「一石二鳥」という言葉がありますが，短期間で英語の学習を仕上げるには，いわば「一石五鳥」「一石六鳥」の学習をすることです。つまり，1つの学習で複数の効果を得られるような学習をすべきなのです。

　『大学入試 全レベル問題集 英語長文』シリーズは，長文読解の問題集という形をとっていますが，これにとどまらず，語彙力をつけたり，重要な文法事項の確認をしたり，音声を用いた学習により，発音・アクセント，リスニングの力をつけることも目指しています。

　本シリーズはレベル別に6段階で構成されており，必ず自分にピッタリ合った1冊があるはずです。また，現時点の実力と志望校のレベルにギャップがあるなら，1～2段階レベルを下げて，英語力を基礎から鍛え直すのもおすすめです。受験生はもちろん，高校1・2年生からスタートすることもできます。

　本シリーズは最新の大学入試問題の傾向に対応し，さらに，英語4技能（Reading ／ Listening ／ Writing ／ Speaking）を今後ますます重視する入試制度にも対応しうる，本質的・普遍的な英語力をつけることを目的にしています。

　本シリーズを利用して，皆さんが第一志望の大学に合格することはもちろん，その先，一生の武器となる確固たる英語力を身につけてほしいと願っています。

三浦　淳一

目　次

本シリーズの特長 ………………………………………………………… 4
英文を読むための基礎知識 ……………………………………………… 6
英文 1 …………………………………………………………………… 20
英文 2 …………………………………………………………………… 29
英文 3 …………………………………………………………………… 40
英文 4 …………………………………………………………………… 50
英文 5 …………………………………………………………………… 62
英文 6 …………………………………………………………………… 76
英文 7 …………………………………………………………………… 89
英文 8 …………………………………………………………………… 103
英文 9 …………………………………………………………………… 117
英文 10 ………………………………………………………………… 131
出典一覧 ………………………………………………………………… 144

音声について

本書の英文を読み上げた音声を，専用ウェブサイト・スマートフォンアプリで聞くことができます。英文ごとに，2種類の音声を収録しています。全文通し読みの音声と，段落ごとに区切ったややゆっくりめの音声があります。段落ごとに区切った音声は，ディクテーションでご利用ください。🔊 01 のように示しています。

● ウェブサイトで聞く方法
・以下のサイトにアクセスし，パスワードを入力してください。
　https://www.obunsha.co.jp/service/zenlevel/
　※すべて半角英字。検索エンジンの「検索欄」は不可。
　パスワード：zlchoubunw
・右上の QR コードからもアクセスできます。

● スマートフォンアプリで聞く方法
・音声をスマートフォンアプリ「英語の友」で聞くことができます。「英語の友」で検索するか，右下の QR コードからアクセスしてください。
・パスワードを求められたら，上と同じパスワードを入力してください。

△ご注意ください　◆音声を再生する際の通信料にご注意ください。◆音声は MP3 形式となっています。音声の再生には MP3 を再生できる機器などが別途必要です。デジタルオーディオプレーヤーなどの機器への音声ファイルの転送方法は，各製品の取り扱い説明書などをご覧ください。ご使用機器，音声再生ソフトなどに関する技術的なご質問は，ハードメーカーもしくはソフトメーカーにお問い合わせください。◆スマートフォンやタブレットでは音声をダウンロードできないことがあります。◆本サービスは予告なく終了することがあります。

本シリーズの特長

大学入試「全レベル問題集 英語長文」シリーズには, 以下の特長があります。

1. 細かく分かれたレベル設定

本シリーズはレベル別からなる6冊で構成されており, 学習者の皆さんそれぞれがベストな1冊を選んで大学入試対策をスタートできるようにしています。各書がレベルに応じた収録英文数と設問構成になっています。

2. 語彙力を重視

語彙力は語学学習における基本です。単語がわからなければ英文を読むにも書くにも不自由します。本書ではオールラウンドな語彙力をつけられるよう, 幅広いテーマの英文を選びました。各ユニットの最後に, **語句リストの復習 (ミニテスト)** や, 音声を利用した単語の**ディクテーション問題**を設け, 語彙力が増強できるよう工夫しています。

3. 英文構造の明示

すべての英文の構造を示し (**SVOC分析**), 英文を完全に理解できるようにしました。さらに, 本文の和訳例も, あまり意訳をせず, 文構造を反映させた直訳に近い日本語にしました。

4. 文法事項のわかりやすい解説

近年の入試問題では, 難関大学を中心に文法問題の出題が減少しており, 「**文法問題を解くための文法学習**」は, もはや時代遅れです。本書では「英文を正しく読むための文法」を心がけて解説しています。

5. 設問の的確な解説

すべての設問に, なるべく短く的確な解説をつけました。特に本文の内容に関する設問は, 根拠となる箇所を明示して解説しています。類書と比較しても, わかりやすく論理的な解説にしています。これは, 解説を読んで納得してほしいということもありますが, それ以上に, 読者の皆さんが自分で問題を解くときにも, このように論理的に考えて, 正解を導き出せるようになってほしいからです。

6. 音声による学習

付属の音声には本書に掲載した**英文の音声が2パターンで収録**されています。主にリスニング力UPを目的としたナチュラルに近いスピードのものは, シャドーイング[*1]やオーバーラッピング[*2]用です。また1つ1つの単語の発音がわかるようなややゆっくりしたスピードのものは, ディクテーション問題用です。

> [*1] シャドーイング・・・すぐ後から音声を追いかけて, 同じ内容を口に出す練習方法
> [*2] オーバーラッピング・・・流れてくる音声とぴったり重なるように口に出す練習方法

著者紹介:三浦淳一 (みうら じゅんいち)

早稲田大学文学部卒。現在, 駿台予備学校・医学部受験専門予備校 YMS 講師。『全国大学入試問題正解 英語』(旺文社) 解答・解説執筆者。『入門英語長文問題精講 [3 訂版]』『医学部の英語』(以上, 旺文社), 『センター英語 英語 [語句整序] を 10 時間で攻略する本』『世界一覚えやすい中学英語の基本文例 100』(以上, KADOKAWA) ほか著書多数。「N 予備校」「学びエイド」などで映像授業も担当する。

[協力各氏・各社]

装丁デザイン：ライトパブリシティ　　　　　録音・編集：ユニバ合同会社
本文デザイン：イイタカデザイン　　　　　　ナレーション：Ann Slater, Guy Perryman, Katie Adler
校　　　　正：入江 泉, 株式会社交学社, 大河恭子, 　編 集 協 力：株式会社オルタナプロ
　　　　　　　Jason A. Chau　　　　　　　　編 集 担 当：高杉健太郎

4

志望校レベルと「全レベル問題集 英語長文」シリーズのレベル対応表

＊ 掲載の大学名は本シリーズを活用していただく際の目安です。

本書のレベル	各レベルの該当大学
① 基礎レベル	高校基礎〜大学受験準備
② 共通テストレベル	共通テストレベル
③ 私大標準レベル	日本大学・東洋大学・駒澤大学・専修大学・京都産業大学・近畿大学・甲南大学・龍谷大学・札幌大学・亜細亜大学・國學院大學・東京電機大学・武蔵大学・神奈川大学・愛知大学・東海大学・名城大学・追手門学院大学・神戸学院大学・広島国際大学・松山大学・福岡大学 他
④ 私大上位レベル	学習院大学・明治大学・青山学院大学・立教大学・中央大学・法政大学・芝浦工業大学・成城大学・成蹊大学・津田塾大学・東京理科大学・日本女子大学・明治学院大学・獨協大学・北里大学・南山大学・関西外国語大学・西南学院大学 他
⑤ 私大最難関レベル	早稲田大学・慶應義塾大学・上智大学・関西大学・関西学院大学・同志社大学・立命館大学 他
⑥ 国公立大レベル	北海道大学・東北大学・東京大学・一橋大学・東京工業大学・名古屋大学・京都大学・大阪大学・神戸大学・広島大学・九州大学 他

本書で使用している記号一覧

🔘 Check! ･･･････････ 文法事項の説明

🔊 ･･･････････ 音声番号

SVOC解析

S, V, O, C ･･･････ 主節における文の要素

S, V, O, C ･･･････ 従属節における文の要素

S′, V′, O′, C′ ･････ 意味上の関係を表す文の要素

① ② ③ ････････ 並列関係にある要素

〈 　 〉 ････････ 名詞句 , 名詞節

〔 　 〕 ････････ 形容詞句 , 形容詞節

（ 　 ） ････････ 副詞句 , 副詞節

関代 ･･･････････ 関係代名詞

関副 ･･･････････ 関係副詞

等接 ･･･････････ 等位接続詞

従接 ･･･････････ 従属接続詞

疑 ･･･････････ 疑問詞

… so ～ that … 相関語句

語句リスト

動 ･･･････････ 動詞

名 ･･･････････ 名詞

形 ･･･････････ 形容詞

副 ･･･････････ 副詞

接 ･･･････････ 接続詞

前 ･･･････････ 前置詞

熟 ･･･････････ 熟語

英文を読むための基礎知識

　英文を読む上で，単語や熟語の知識が必要なのは当然である。しかし，語句の意味がわかれば英文を正しく理解できるというわけではない。英文は日本語とは異なる「構造」を持っているので，「構造」を把握することが英文を読むときには不可欠だ。

　そこで，英文の「構造」を把握する前提となる知識を解説する。正直言って面白みがある内容ではないが，英文読解力をつける上で避けては通れない道である。何とかがんばって熟読し，完全理解に努めてほしい。

解説の構成

❶ 品詞

❷ 文型
　1．文型と文の要素　　2．文型の見分け方　　3．自動詞と他動詞

❸ 句と節
　1．句と節とは
　2．句 ──── (1)名詞句　(2)形容詞句　(3)副詞句
　3．節 ──── (1)名詞節　(2)形容詞節　(3)副詞節
　4．句と節の文中での位置

❹ 並列
　1．等位接続詞　　2．並列　　3．様々な等位接続詞　　4．等位接続詞による相関語句

❺ 語順変化を意識する読み方
　1．英文の語順変化　　2．語順変化が起こる場合

❶ 品　詞

　品詞は細かく分類すると相当な数になってしまうが，とりあえず「名詞」「動詞」「形容詞」「副詞」の4品詞を押さえよう。

　「名詞」とは人や事物の名称などを表す語。例を挙げたほうが早いだろう。student や car などだ。Japan のような固有名詞，he や this のような代名詞も，このグループに含まれる。名詞の働きは，**S（主語），O（目的語），C（補語）になったり，前置詞の後ろに置かれる**（これを「前置詞の目的語」という）。

　「動詞」は動作や状態などを表す語。walk や know などだ。be 動詞 (is や are) もこのグループに属する。動詞の働きは **V（述語）になる**ことだ。

　「形容詞」は，①**名詞を修飾する**，②**C（補語）になる**，という2つの働きを持っている。
①の例としては

例 <u>She</u> <u>is</u> a **pretty** <u>girl</u>.　　「彼女は**可愛い**女の子だ」
　　S　V　　　　　 C

pretty という形容詞が girl という名詞を修飾（詳しく説明）している。
②の例としては

例 <u>The girl</u> <u>is</u> **pretty**.　　「その女の子は**可愛い**」
　　 S　　　 V　　 C

　The girl が S, is が V, pretty が C という〈S＋V＋C〉の第2文型だ。文型の説明はあとで行う。

6

「副詞」の働きは，名詞以外を修飾することだ。**ほとんどの場合に動詞を修飾するんだけど，形容詞や他の副詞を修飾することもあるし，文全体を修飾したりもする**から，「名詞以外を修飾する」というのが正確なんだ。

例えば，

例 <u>He</u> <u>walks</u> **slowly**.　「彼は**ゆっくりと**歩く」
　　　S　　V

という文では，副詞の slowly が動詞の walks を修飾している。

例 <u>He</u> <u>walks</u> **very** slowly.　「彼は**とても**ゆっくりと歩く」
　　　S　　V

という文はどうだろう。

slowly が walks を修飾するのは前の文と同じだが，今度は very という副詞が slowly という副詞を修飾している。つまり，very → slowly → walks というふうに，二重の修飾になっている。

整理すると以下のようになる。

品詞	例	働き
名詞	student, car, advice, Japan, he (代名詞)	S, O, C になる
動詞	walk, run, know, do, believe, be	V になる
形容詞	small, pretty, old, tall, wonderful	①名詞を修飾　②Cになる
副詞	slowly, very, soon, too, easily	名詞以外を修飾

❷ 文 型

1．文型と文の要素

文型とは，英語の文のパターンを分類したものだ。英語の文には5つの文型があるとされている。

第1文型：**S ＋ V**
第2文型：**S ＋ V ＋ C**
第3文型：**S ＋ V ＋ O**
第4文型：**S ＋ V ＋ O ＋ O**
第5文型：**S ＋ V ＋ O ＋ C**

そして，文型を構成する1つ1つのパーツのことを，文の要素と呼んでいる。これも5つある。

S（主語）　：「〜は」「〜が」と訳す。**名詞**。
V（述語）　：「〜する」「〜である」と訳す。**動詞**。
O（目的語）：「〜を」「〜に」と訳す。**名詞**。
C（補語）　：決まった訳し方はない。**名詞**または**形容詞**。
M（修飾語）：決まった訳し方はない。**形容詞**または**副詞**。

7

Mという要素は5文型の中に出てこない。これは，M（修飾語）とは文字通り「飾り物」であって，文の中で不可欠な要素ではないからである。文型とは，**このような「飾り物」を取り除いたあとに残るパターンを分類したものだ**，と理解しよう。

例えば，第1文型は〈S+V〉という2つの要素しかないが，だからといって文が短いということにはならない。〈S+V〉のあとにたくさんのM（修飾語）がくっついて，とても長い英文になることもある。

2. 文型の見分け方

この5つの文型の見分け方について説明しよう。

まず，**M（修飾語）をすべて取り除く。**このとき，**〈S+V〉しか残らなかったら，もちろん第1文型だ。**何がMになるのか，が問題だが，これには後述の「句」や「節」の理解が欠かせない。とりあえず，副詞や〈前置詞＋名詞〉はMになると考えてよい。

例 He usually goes to school by bus.　「彼はふだん，バスで学校に行く」

この英文を見たら，usually が副詞だから取り除く。to school と by bus は〈前置詞＋名詞〉だから，これも取り除く。

He ~~usually~~ goes ~~to school by bus~~.
 S　　　　　　V

というわけで，SとVしか残らないから，第1文型だ。

次に，Mを取り除いたときに，〈S+V〉の後ろに1つの要素（Xとする）が残っている場合は次のように考える。

> **S+V+X の場合**　「SはXだ」と言える　→ **S + V + C**
> 　　　　　　　　　　「SはXだ」と言えない → **S + V + O**

要するに，SとXが「主語－述語」の関係かどうか，ということだ。例文を見てみよう。

例 The girl finally became a nurse.　「その女の子は結局看護師になった」
　　S　　　　　　V　　　C

finally が副詞なのでMと考え，取り除く。そうすると，The girl became という〈S+V〉のあとに，a nurse という要素が残った。そこでこれをXとおくと「その女の子は看護師だ」となり，これは特に不自然ではない。よって，〈S+V+C〉の第2文型。

例 Her new dress becomes her very well.
　　　　　S　　　　　V　　　O
「彼女の新しいドレスは彼女にとてもよく似合っている」

very も well も副詞なのでM。よって，これを取り除く。Her new dress がSで becomes がVだ（細かいことを言えば，Her と new は dress を修飾しているからいずれもMだが，Her new dress をワンセットでSと考えたほうがわかりやすいだろう）。そこで，her をXとおくと「新しいドレスは彼女だ」となり，これは明らかにおかしい。よって，〈S+V+O〉の

第3文型。なお, become には第3文型で用いた場合に「似合う」という意味がある。

　最後に, M を取り除いたときに,〈S+V〉の後ろに2つの要素 (X, Y とする) が残っている場合は次のように考える。

S+V+X+Yの場合　「X は Y だ」と言える　→ **S ＋ V ＋ O ＋ C**
　　　　　　　　　　「X は Y だ」と言えない → **S ＋ V ＋ O ＋ O**

例 He made his daughter a doll.　「彼は娘に人形を作ってあげた」
　 S　V　　O_1　　　O_2

　He が S, made が V。そのあとに his daughter と a doll という2つの要素がある。そこで, それぞれ X, Y とおく。「娘は人形だ」。これは無理。したがって,〈S+V+O_1+O_2〉の第4文型とわかった。make は第4文型で「O_1 に O_2 を作ってあげる」という意味だ。

例 He made his daughter a nurse.　「彼は娘を看護師にした」
　 S　V　　　O　　　　C

　同じく, his daughter を X, a nurse を Y とおいてみると, 今度は「娘は看護師だ」と言えるので〈S+V+O+C〉の第5文型となる。make は第5文型で「O を C にする」という意味だ。

例 He made his daughter go to school.　「彼は娘を学校に行かせた」
　 S　V　　　O　　　　C

　his daughter を X, go (to school) を Y とおいてみると,「娘は (学校に) 行くのだ」と言えるので, やはり〈S+V+O+C〉の第5文型となる。〈make+O+ 原形〉は「O に〜させる」という意味。このように, C には動詞の変形；原形,〈to+ 原形〉, 現在分詞 (-ing 形), 過去分詞 (-ed 形, ただし不規則変化あり) が入ることもある。

　補足的に, O (目的語) と C (補語) の理解のしかたについて説明しよう。
　O (目的語) は **V (述語)** で表される行為などの対象 (相手) で, 必ず名詞だ。
　C (補語) は, **第2文型〈S+V+C〉** においては S と, **第5文型〈S+V+O+C〉** においては O と, それぞれ「**主語ー述語**」の関係にある要素, ということになる。そして, C は**名詞でも形容詞でもいいし**, 前述のように動詞の変形の場合もある。

3. 自動詞と他動詞

　「自動詞」「他動詞」については, 以下のように理解しよう。**O (目的語) がない動詞を「自動詞」, O がある動詞を「他動詞」**という。つまり, 第1文型, 2文型の動詞は「自動詞」, 第3文型, 第4文型, 第5文型の動詞は「他動詞」ということになる。

自動詞	第1文型：**S ＋ V**
	第2文型：**S ＋ V ＋ C**
他動詞	第3文型：**S ＋ V ＋ O**
	第4文型：**S ＋ V ＋ O ＋ O**
	第5文型：**S ＋ V ＋ O ＋ C**

自動詞, 他動詞の簡単な区別の仕方は, **「〜を」という日本語をつけられるかどうか**で考えるとわかりやすい。O は一般に「〜を」と訳すからだ。たとえば, go は, 「学校を行く」とは言わないから自動詞。visit は, 「学校を訪問する」と言えるから他動詞だ。

　もっとも, このやり方で考えると間違えるものもある。marry や enter は他動詞だけど, 「彼を結婚する」「部屋を入る」とは言わない。このようなものは, 文法・語法問題で問われるので, 整理しておく必要がある。

❸ 句 と 節

1. 句と節とは

　「句」も「節」も, 2語以上のカタマリを意味するが, 以下のような違いがある。

> 「句」→〈S+V〉を含まないカタマリ。　「節」→〈S+V〉を含むカタマリ

　たとえば, on the desk や playing the piano というカタマリは「句」で, if it rains や what I want というカタマリは「節」ということになる。そして「句」には, その働きにより, 「名詞句」「形容詞句」「副詞句」がある。節にも, 「名詞節」「形容詞節」「副詞節」がある(名詞, 形容詞, 副詞の働きについては, 6ページを参照)。それぞれの「句」や「節」にはどんなものがあるのか, 表にまとめてみよう。

	種　類	働　き	句 や 節 を 作 る も の
句	名詞句	S, O, C になる	不定詞, 動名詞
	形容詞句	名詞を修飾	不定詞, 分詞, 前置詞
	副詞句	名詞以外を修飾	不定詞, 分詞, 前置詞
節	名詞節	S, O, C になる	従属接続詞 (that / if / whether), 疑問詞, 関係詞
	形容詞節	名詞を修飾	関係詞
	副詞節	名詞以外を修飾	従属接続詞, 関係詞

以下, 表の上のほうから順に説明する。

2. 句

(1) 名詞句

　S, O, C になる句。**不定詞や動名詞のカタマリ**である。どちらも, **「〜すること」**と訳す場合が多い。

　例 <u>My desire</u> <u>is</u> 〈<u>to study abroad</u>〉.　「私の希望は留学することだ」
　　　S 　　　　V 　C

　例 <u>He</u> <u>enjoyed</u> 〈<u>swimming in the sea</u>〉.　「彼は海水浴(海で泳ぐこと)を楽しんだ」
　　　S 　　V 　　　　　O

それ以外には, 〈疑問詞+to *do*〉も名詞句を作る。

10

例 I didn't know ⟨which way to go⟩.　「私はどちらの道に行くべきかわからなかった」
S　　V　　　　　O

（2）形容詞句

名詞を修飾する句。**不定詞, 分詞, 前置詞のカタマリ**がこれにあたる。

例 I have a lot of *homework*〔to do〕.　「私にはやるべき宿題がたくさんある」
S　V　　　　　O

to do が homework という名詞を修飾しているね。

例 Look at *the dog*〔running in the park〕.　「公園で走っている犬を見なさい」
V

running in the park というカタマリが the dog という名詞を修飾している。

例 I bought *a ticket*〔for the concert〕.　「私はコンサートのチケットを買った」
S　V　　　O

for the concert という前置詞のカタマリが, a ticket という名詞を修飾している。

（3）副詞句

　名詞以外（主に動詞）を修飾する句。**不定詞, 分詞, 前置詞のカタマリ**がこれにあたる。なお, 分詞が副詞句を作ると,「分詞構文」と呼ばれ,【時】【理由】【付帯状況】などの意味を表す（例文 2）。

例 He *went* to America（to study jazz）.　「彼はジャズの研究をするためにアメリカへ行った」
S　V

to study jazz という不定詞のカタマリが went という動詞を修飾している。ここでは「～するために」という【目的】の意味。

例 He *entered* the room,（taking off his hat）.　「彼は帽子を脱ぎながら部屋に入った」
S　V　　　O

taking off his hat という分詞のカタマリ（分詞構文）が entered という動詞を修飾している。ここでは「～しながら」という【付帯状況】の意味。

例 I *got*（to the station）（at ten）.　「私は 10 時に 駅に到着した」
S　V

to the station と at ten という 2 つの前置詞のカタマリが, いずれも got という動詞を修飾している。

3. 節

（1）名詞節

S, O, C になる節。**従属接続詞（that / if / whether）, 疑問詞, 関係詞**が名詞節を作る。ここで,「従属接続詞」について説明しよう。

　接続詞には,「等位接続詞」「従属接続詞」の 2 種類がある。「等位接続詞」は and や or のように, 前後を対等に結ぶ（並列する）接続詞だ（14 ページ参照）。これに対して, 従属接

続詞は，**節を作るタイプの接続詞**だ。そして，従属接続詞は数多くあるが，その中で**名詞節を作れるのは** that「…こと」／ if「…かどうか」／ whether「…かどうか」の**3つだけ**で，それ以外のすべての従属接続詞は副詞節しか作れない。

例文を見てみよう。

例 〈**That** you study Spanish now〉 is a good idea.
　　　S　　 S　　 V　　 O　　　　 V　　 C

「あなたが今スペイン語を勉強する**こと**はいい考えだ」

例 I don't know 〈**if**[**whether**] he will come here tomorrow〉.
　 S　　 V　　　　　　　　　　　 S　　 V

「明日彼がここに来る**のかどうか**わからない」

このほか，**疑問詞も名詞節を作る**。前提として，まず，疑問詞について確認しよう。what「何」，who「誰」，which「どちら」，when「いつ」，where「どこ」，why「なぜ」，how「どのように」といった語を疑問詞という。これらの最も基本的な働きは，疑問文で文頭に置かれる用法だ。

例 What does he want?　「彼は何が欲しいの？」
　　　　 (V)　 S　 V

この疑問詞が，名詞節を作って，文中で S，O，C になることがある。

例 I don't know 〈**what** he wants〉.　「私は，彼が**何を**欲しがっているのか知らない」
　 S　　 V　　　　 O　 S　 V

このような文のことを「**間接疑問文**」という。上の2つの例文で，what のあとの語順を比較してほしい。文中に what がある場合は，そのあとが does he want という疑問文の語順ではなく，he wants という**平叙文の語順**になる。

最後に，**一部の関係詞も名詞節を作る**ことがある。これは，関係詞の中では少数派であり，関係詞の大半は，次に見る形容詞節を作る。名詞節を作る関係詞は，**what**「…すること／…するもの」と **how**「…する方法」を押さえておこう。

例 〈**What** I want〉 is a new car.　「私が欲しい**もの**は新しい車だ」
　　 S　　 S　 V　　 V　 C

例 This is 〈**how** I solved the problem〉.
　 S　 V　 C　　 S　 V　　　 O

「これが，私が問題を解決した**方法**だ（→このようにして私は問題を解決した）」

（2）形容詞節

名詞を修飾する働きをする節。これを作るのは**関係詞だけ**だ。関係詞には，関係代名詞と関係副詞の2つがあって，関係代名詞は**後ろに「不完全な文」**（S や O などが欠けている文），関係副詞は**後ろに「完全な文」**（S や O などが欠けていない文）が続く。例文で確認してみよう。

例 I have *a friend* 〔**who** lives in Osaka〕. 「私には大阪に住んでいる友人がいる」
S V O V

関係代名詞 who から始まるカタマリが friend という名詞を修飾している。who の後ろには lives に対する S が欠けた文（＝不完全な文）が続いている。

例 This is *the place* 〔**where** I met her first〕. 「ここは私が初めて彼女に会った場所だ」
S V C S V O

関係副詞 where から始まるカタマリが place という名詞を修飾している。where の後ろには，I (S) met (V) her (O) という，何も欠けていない文（＝完全な文）が続いている。

（3）副詞節

名詞以外（主に動詞）を修飾する節。従属接続詞は全て，副詞節を作ることができる。

例 I like him （**because** he is generous）. 「彼は気前がいいので好きだ」
S V O S V C

従属接続詞 because から始まるカタマリが like という動詞を修飾している。

先ほど名詞節のところで出てきた that / if / whether は，名詞節だけではなく副詞節も作ることができる（ただし，that は so 〜 that … 構文など，特殊な構文に限られる）。**if は「もし…すれば」，whether は「…しようがするまいが」の意味では副詞節**である。

例 I will stay home （**if** it rains tomorrow）. 「もし明日雨が降ったら，家にいるつもりだ」
S V S V

従属接続詞 if から始まるカタマリが stay という動詞を修飾している。

このほか，「複合関係詞」と呼ばれる特殊な関係詞が副詞節を作ることができる。これは，**関係詞の後ろに -ever をくっつけたもの**で，whoever, whatever のように〈関係代名詞 + -ever〉のタイプと，whenever, wherever のように〈関係副詞 + -ever〉のタイプがある。

例 I will reject your offer （**whatever** you say）.
S V O S V

「たとえ君が何を言っても，私は君の申し出を断ります」

whatever から始まるカタマリが reject という動詞を修飾している。

4．句と節の文中での位置

ここまで見た，合計6種類の句・節のうち，**副詞句・副詞節の2つは基本的に文中での位置が自由である**。

前掲の副詞句の例文は，以下のように書き換えてもよい。

例 He went to America （to study jazz）.

＝（To study jazz）, he went to America.

13

副詞節の例文も同様。

例 I will stay home (if it rains tomorrow).

　 =(If it rains tomorrow), I will stay home.

より長い文だと，副詞句・副詞節が文の中ほどに挿入されることもある。

これに対して，名詞句・名詞節は，S, O, C などのあるべき位置に，形容詞句・形容詞節は，修飾する相手の名詞の後ろに置かれる。したがって，文中での位置は自由ではない。

④ 並列

1. 等位接続詞

and や or などのように，**前後を対等の関係に結ぶ接続詞**を「等位接続詞」という。これに対し，前述の that や because など，節を導く接続詞を「従属接続詞」という。

2. 並列

等位接続詞によって対等の関係に結ばれることを「**並列**」という。

例 He studied English and mathematics.　「彼は**英語**と**数学**を勉強した」
　　　　　　　　　①　　　　　　　②

English と mathematics が並列されている。つまり，O が2つ並列されている。
＊なお，本書では並列されているもの同士を①，②，③……のように示す。

例 He studied English, mathematics and science.　「彼は**英語**と**数学**と**理科**を勉強した」
　　　　　　　　　①　　　　②　　　　　　③

English, mathematics, science が並列されている。つまり，O が3つ並列されている。3つ以上の並列の場合，〈① and ② and ③〉としてもよいが，〈①, ② and ③〉のように，等位接続詞は最後に1回だけ用いるのがふつう。

例 He studied English and read a comic book.　「彼は**英語を勉強し**，**漫画を読んだ**」
　　　　　　　　　①　　　　　　②

studied English と read a comic book が並列されている。つまり，〈V+O〉が2つ並列されている。

例 He studied English and his brother read a comic book.
　　　　　　　　　①　　　　　　　　　②

「**彼は英語を勉強し**，**彼の弟は漫画を読んだ**」

He studied English と his brother read a comic book が並列されている。つまり，〈S+V+O〉が2つ並列されている。

14

3. 様々な等位接続詞

and 以外の等位接続詞としては, or「または」/ but「しかし」/ yet「しかし」/ so「だから」/ nor「～も～ない」/ for「というのは～だからだ」がある。**and と or は語, 句, 節を並列するのに対し, その他は主に節を並列する。**

例 Which do you like better, tea or coffee?
　　　　　　　　　　　　　　①　　②

　「**紅茶**と**コーヒー**ではどちらのほうが好きですか」

例 She is wealthy, but [yet] she is unhappy.　　「**彼女は裕福**なのに**不幸**だ」
　　①　　　　　　　　　　②

*but や yet が語を並列することもある。

例 This is a simple but [yet] important question.　　「これは**単純**だが**重要**な問題だ」
　　　　　　①　　　　　　②

例 He worked hard, so he passed the entrance examination.
　　①　　　　　　　②

　「**彼は一生懸命勉強した**, だから**入学試験に合格した**」

例 He felt no fear, for he was a brave man.
　　①　　　　　　②

　「**彼は恐怖を感じなかった**, というのは**勇敢な男だったからだ**」

例 He isn't rich, nor has he ever been.「**彼は金持ちではないし金持ちだったこともない**」
　　①　　　　　②

*nor のあとは倒置が起こり, 疑問文のような語順になる。

4. 等位接続詞による相関語句

以下も A と B が文法上対等になる。

- [ ] not A but B　　　　　　　「A ではなくて B」（= B, not A）
- [ ] both A and B　　　　　　　「A と B の両方」（= at once A and B ）
- [ ] either A or B　　　　　　　「A か B のどちらか」
- [ ] neither A nor B　　　　　　「A も B もどちらも～ない」（= not ~ either A or B）
- [ ] not only A but also B　　　「A だけでなく B も」（= B as well as A）

例 He studied both English and French.　　「**彼は英語**と**フランス語**の両方を勉強した」
　　　　　　　　　①　　　　　　②

そのほか, A rather than B [rather A than B]「B というよりむしろ A」, A, if not B「B ではないとしても A」なども並列構造を作り, A と B が文法上対等となる。

❺ 語順変化を意識する読み方

1. 英文の語順変化

英語の語順は，〈S + V + O〉，〈S + V + O + C〉などの「文型」に従ったものになるのが原則である。しかし，様々な要因により，この原則的な語順が変化することがある。

例えば，He ate spaghetti.「彼はスパゲティを食べた」という英文は，He が S, ate が V, spaghetti が O であり，〈S + V + O〉の原則通りの語順である。

これに対し，What did he eat?「彼は何を食べましたか？」という英文は，he が S, 〈did + eat〉が V, What が O であり，**本来なら eat の後にあるはずの O が文頭に移動している**ことがわかる。これは，疑問詞を含む疑問文で，**「疑問詞は文頭に置かれる」**というルールが，文型の語順のルールよりも優先されるからである。

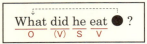

さて，このレベルの英文であれば，語順変化を意識しなくてもスムーズに読むことができるだろう。だが，より複雑な英文になると，語順変化をしっかり意識しなければ，正しく理解できないケースが出てくる。

その場合，上の図の●のように，元の位置を自分でマークし，その位置に戻して考えてみることが有効である。

2. 語順変化が起こる場合

では，実際にどのような場合に語順変化が起こるのだろうか。
整理すると，以下の 8 つのケースが重要である。

① 疑問文　② 関係代名詞　③〈C + as + S + V〉　④〈the + 比較級〉
⑤ 強調構文　⑥ 形容詞用法の不定詞　⑦ no matter ... / -ever　⑧ 倒置

例を挙げながら解説していこう。

① 疑問文

疑問詞を含む疑問文で，語順変化が起こる。

例 How much attention did you pay to his proposal?
　「彼の提案にどれほどの注意を払いましたか？」

pay attention to ~「~に注意を払う」という熟語だが，attention が How much と結びついて文頭に移動している。せっかく熟語を知っていても，語順変化を意識しないと，「pay to って何だろう？」となってしまう。

$$\underline{\text{How much attention}}_{\text{O}} \ \underline{\text{did}}_{\text{(V)}} \ \underline{\text{you}}_{\text{S}} \ \underline{\text{pay}}_{\text{V}} \ \bullet \ \text{to his proposal?}$$

このように，元の位置を意識すれば，熟語を発見し，正しく解釈できるのである。

② 関係代名詞

関係代名詞の先行詞にあたる名詞は，後ろから前へと移動する。

例 This is the bike I had repaired yesterday.

「これは私が昨日修理してもらった自転車だ」

この英文を和訳させると，ほとんどの受験生が「これは私が昨日修理した自転車だ」と答える。しかし，yesterday という単なる過去の出来事を〈had + P.P.〉（過去完了形）で書くことはないので，この解釈は無理。

※間違った考え方
$$\text{This is the bike } [(\text{which}) \ \underline{\text{I}}_{\text{S}} \ \underline{\text{had repaired}}_{\text{V}} \ \bullet_{\text{(O)}} \ \text{yesterday.}]$$

以下のように考える。

※正しい考え方
$$\text{This is the bike}[(\text{which}) \ \underline{\text{I}}_{\text{S}} \ \underline{\text{had}}_{\text{V}} \ \bullet_{\text{(O)}} \ \underline{\text{repaired}}_{\text{C}} \ \text{yesterday.}]$$

つまり，〈have + O + P.P.〉「O を〜してもらう」の have が過去形になっているのだ。

③ 〈C + as + S + V〉

〈S + V + C〉の C が前に移動し，〈C + as + S + V〉の形で，「…であるが」という【譲歩】の意味を表す。

例 Reluctant as he was to attend the party, he accepted her invitation.

「彼はパーティーに出席したくなかったが，彼女の招待を受け入れた」

be reluctant to *do* で「〜したがらない」の意味。この形容詞 reluctant が前に移動した結果，was と to がくっついている。

$$(\underline{\text{Reluctant}}_{\text{C}} \ as \ \underline{\text{he}}_{\text{S}} \ \underline{\text{was}}_{\text{V}} \ \bullet \ \text{to attend the party,}) \ \text{he accepted her invitation.}$$

④ 〈the + 比較級〉

〈the + 比較級 〜, the + 比較級 …〉で「〜すればするほど…」の意味を表す。この構文

では，比較級の部分が移動してきていることが多い。

例 The harder you study English, the more interesting you will find it.
「英語を一生懸命に学べば学ぶほど，それが面白いものであることがわかるだろう」

harder は副詞で，元の位置は English の後。You study English hard.「あなたは一生懸命に英語を勉強する」という文をイメージする。more interesting は〈find + O + C〉「O が C だとわかる」という第5文型の C が前に移動したもの。元の位置を意識しないと，find の意味（文型ごとに異なる）を正しく理解できない。

⑤ 強調構文

〈It is ～ that ...〉の形で「～」の部分を強調するのが強調構文。「…するのは～だ」などと訳す。この構文でも，強調される「～」は本来その that 以下の文の要素なのだが，前に移動している。

例 It is with political systems in the past that historians have to deal.
「歴史家が扱わなくてはならないのは，過去の政治体制だ」

deal with ～「～を扱う」という熟語の with ～ が前に移動し，強調されている。

It is (with political systems in the past) that historians have to deal ●.
                                                      S   V

⑥ 形容詞用法の不定詞

不定詞の形容詞用法とは，不定詞が直前の名詞を修飾する用法である。

例 He has many friends to support him. 「彼には支えてくれる友達がたくさんいる」
　 He has many friends to support. 「彼には支えるべき友達がたくさんいる」

上の例文は，many friends (S') ⇒ support (V') という関係が成立する。
下の例文は，support (V') ⇒ many friends (O') という関係が成立する。
語順変化が起こるのは，下のパターンである。

もう1つ例を見てみよう。

例 I need a knife to cut meat with. 「私は肉を切るためのナイフが必要だ」

【道具・手段】を表す前置詞 with が文末にあり，本来なら with の後にあったはずの a knife が前に移動している。cut meat *with* a knife「ナイフを使って肉を切る」という つながりを意識して解釈する。

> I need a knife [to cut meat with ●].

⑦ no matter … / -ever

no matter … / -ever は「たとえ…しても」の意味。「…」の部分には who / which / what / when / where / how などが入る。

例 He looks young whatever clothes he wears.
   ＝He looks young no matter what clothes he wears.

「彼はどんな服を着ても若く見える」

wears の目的語である clothes が whatever [no matter what] と結びついて前に 移動している。

> He looks young (*whatever* clothes he wears ●).
>   O   S   V

特に注意が必要なのは，however [no matter how] で，形容詞や副詞と結びつく。

例 However absorbed he seemed to be in his work, he lacked concentration.
   ＝No matter how absorbed he seemed to be in his work, he lacked concentration.

「彼はどんなに仕事に熱中しているように見えても，集中力を欠いていた」

be absorbed in 〜「〜に没頭して，〜に熱中して」の absorbed が however [no matter how] と結びついて前に移動している。

> (*However* absorbed he seemed to be ● in his work), he lacked concentration.
>   C   S   V

⑧ 倒置

倒置には様々なパターンがあるが，特に O や C が前に移動するタイプの倒置（〈S＋V＋ C〉⇒〈C＋S＋V〉，〈S＋V＋O〉⇒〈O＋S＋V〉など）は語順変化に注意が必要である。

例 All my spare time I spent in reading comic books.

「余暇の時間はすべて，漫画を読んで過ごした」

〈spend＋ 時間 ＋(in) *doing*〉「〜して 時間 を過ごす」の 時間 (O) が前に移動している。

> All my spare time I spent ● (in reading comic books).
>   O   S   V

19

1 解答・解説

問題は別冊 p.2

解答

問1	④	問2	①	問3	③
問4	②	問5	②, ⑥		

解説

問1

（ア） 直後の correct を修飾する副詞を選ぶ。直前の文の「（家庭で話す言語は）英語だ」という答えは，第3段落によれば79%の人々にあてはまる。つまり100%ではないので **partly**「部分的に」が正解。

（エ） 直後に最上級が続く。 **by far** は最上級を強調し，「ずば抜けて〜，断トツで〜」の意味。

（オ） 直後の how many に続く副詞としては，**exactly**「正確に」が適切。

問2

疑問詞 how は，形容詞や副詞とセットで用いると「どれほど〜か」という【程度】を表すが，単独で用いると「どのように［どう］〜か」という【方法】または【様子】を表す。ここでは how の後に形容詞・副詞ではなく名詞 efforts が続いているので後者。選択肢①がこれにあたる。選択肢③は【程度】の意味で解釈している点に注意。

問3

各選択肢の動詞（現在形）の意味は以下の通り。
①「交換する」　　②「運動する」　　**③「表現する」**　　④「予期［期待］する」
state は動詞で用いると「言う，述べる」の意味なので，③が最も近い。なお，下線部は Stated と【受動】を表す過去分詞になっており，直訳すれば「他の方法で述べられると」となる。

問4

直後に doesn't have a definite answer とあるので，異なる言語の数はいく

20

つあるかという問いに対する「答え」を持ちうる立場にあるものは何か，と考える。第3〜4段落で国勢調査局（the Census Bureau）が言語の使用状況を調査し把握していることがわかる。

問5

① 「毎年」行われているという記述はない。

② 第2段落第3文に how well the person can speak English「その人がどれほどうまく英語が話せるのか」という質問が含まれるとあるので，これと一致する。

③ 第3段落第1文参照。79%は家庭で英語「だけ」を話す人々の割合である。複数言語を話す人々もいると考えられるので，実際にはこれより多くなるはず。また，調査対象は5歳以上のため，「全人口の」も誤り。

④ 第3段落第2文によれば，21%とは英語以外の言語を家庭で話す人々の割合。また，同段落最終文によれば，そのうち58%が流ちょうに英語を話せる。

⑤ 第4段落第1文及び最終文参照。スペイン語，中国語，タガログ語，ベトナム語，フランス語の順である。なお，第4段落最終文の in that order は「その順番に」の意味。

⑥ 第5段落最終文の後半部分と一致。

▼

それでは次に，段落ごとに詳しくみていこう。　🔊 01

第1段落　文の構造と語句のチェック

¹(If someone were to ask you ⟨ what language people 〔 in the United States 〕
従接　S　　　　V　　　O₁ O₂　疑　　O　　　　　　　　　　　　　　S

speak (in their own homes))), your answer would probably be,
V　　　　　　　　　　　　　　　　　　S　　　　　V

"English, of course!" ²You might be surprised (to learn, however, ⟨ that
C　　　　　　　　　S　　V　　　C　　　　　　　　　　　　　　　従接

that answer would be only partly correct)).
S　　　　V　　　　　C

21

訳 ¹仮に誰かが，アメリカの人々が家庭で何語を話しているかとあなたに尋ねたら，あなたの答えはおそらく「もちろん英語だ！」となるだろう。²しかし，その答えは部分的にしか正しくないだろうと知ったら，あなたは驚くかもしれない。

語句

probably	副 おそらく，たぶん	**however**	副 しかしながら，けれども
of course	熟 もちろん	**partly**	副 部分的に，一部分は
		correct	形 正しい，正確な

第2段落　文の構造と語句のチェック

¹(For many years), the U.S. Census Bureau, a part of the American government,
　　　　　　　　　　　　　S　　　　　　└──────同格──────┘

has been investigating this language question. ²Currently, this is being done (by
　　　V　　　　　　　　　　O　　　　　　　　　　　　　　　S　　　　V

asking people 〈 whether they (and/or their children 5 years old or older) speak
　　　　　　　　　従接　　S　　　　　　　　　　　　　　　　　　　　　　V

something other than English (at home)〉). ³(If the answer is "yes,") then
　　　　　　　O　　　　　　　　　　　　　　　従接　　S　　V　　C

follow-up questions are asked [about 〈 which language is used 〉 and 〈 how well
　　　　S　　　　　　　V　　　　　　　疑　　　　S　　V　　等接　　疑

the person can speak English 〉]. ⁴Two important purposes [of asking these 3
　　S　　　V　　　O　　　　　　　　　　　　S

questions] are 〈 to learn 〈 how many people have difficulty (using English)〉〉 and
　　　　　　V　C　①　　　疑　　　　S　　V　　O　　　　　　　　　　　　等接

②
〈 to better understand 〈 how efforts [to assist such people] should be made 〉〉.
C　　　　　　　　　　　　疑　　S　　　　　　　　　　　　　　V

訳 ¹長年にわたり，アメリカ政府の一部であるアメリカ国勢調査局は，この言語の疑問を調査してきた。²現在この調査は，人々に対して，本人(及び／または5歳以上の子ども)が家庭で英語以外の何らかの言語を話すかどうか尋ねることによって行われている。³もし答えが「はい」であれば，どの言語が使われているのか，その人がどれほどうまく英語を話せるのかについて引き続き質問が尋ねられる。⁴これら3つの質問をする2つの重要な目的は，何人の人が英語の使用に困難を抱えているかを知ることと，そのような人々を支援する取り組みがどのようになされるべきかをよりよく理解することである。

1 解答・解説

語句

government	名	政府
investigate	動	調査する
currently	副	現在(は), 今のところ
whether	接	…かどうか
other than ~	熟	~以外に
purpose	名	目的

difficulty	名	困難, 苦労
▶have difficulty (in) *doing*	熟	~するのに苦労する
effort	名	取り組み, 試み
▶make efforts [an effort]		取り組み[試み]を行う, 努力する
assist	動	助ける, 支援する

第3段落　文の構造と語句のチェック

¹Recent Census Bureau results indicate 〈 that about 79% of the 291.5
　S　　　　　　　　　　　　　　　V　　　　O　従接

million people (aged 5 and over) 〔 in the U.S. 〕 speak only English (at home)〉.
　S　　　　　　　　　　　　　　　　　　　　　V　　　　O

²(Stated another way), about 21% of the people speak a language 〔 other than
　　　　　　　　　　　　　　S　　　　　　　　V　　　O

English 〕. ³Many of those people (about 58%), however, apparently can also speak
　　　　　S　　　　　　　　　　　　　　　　　　　　　　　V

English ("very well.")
　O

> **訳** ¹最近の国勢調査の結果が示すように, アメリカの2億9150万人の人々(5歳以上)のうち約79%は家庭で英語しか話さない。²別の言い方をすると, 約21%の人々は英語以外の言語を話している。³しかし, そのような人々の多く(約58%)は, どうやら英語を「とても上手に」話すこともできるようだ。

語句

recent	形	最近の
result	名	結果
indicate	動	示す

aged	形	~歳の
state	動	言う, 述べる
apparently	副	どうやら…らしい

第4段落　文の構造と語句のチェック

¹The Census Bureau results show 〈 that speakers 〔 of "Spanish or Spanish Creole" 〕
　S　　　　　　　　　　　　　　V　　O　従接　　S　　　　　　①　　等接　　　②

23

are, (by far), the largest group 〔 of "other language" users 〕〉. ²They account for
　V　　　　　　　　　　　C　　　　　　　　　　　　　　　　　　　　　　　　　S　　　　　V

more than 60% 〔 of the "other language" people 〕. ³(After them) come
　　　O　　　V

the speakers 〔 of Chinese 〕, and then the speakers 〔 of Tagalog, Vietnamese, and
　　S　　　　　　　　　　　　等接　　　　　S　　　　　　①　　　　　②　　　　　等接

French, (in that order)〕.
　③

> **訳** ¹国勢調査の結果は，スペイン語またはスペイン系クレオール語の話者が「他の言語」を
> 使う人々の中でずば抜けて最大の集団であることを示している。²彼らは「他の言語」の人々
> のうち 60%以上を占めている。³それに次ぐのが中国語話者であり，そしてタガログ語，ベ
> トナム語，フランス語話者がその順番で続く。

語句

by far	熟 断トツで，ずば抜けて
account for 〜	熟 〜の割合を占める
order	名 順番，順序

第5段落　文の構造と語句のチェック

¹Just exactly how many different languages are spoken (in American homes)?
　　　　　　　疑　　S　　　　　　　　　　　　　　　　V

²The Census Bureau says 〈 that it doesn't have a definite answer 〔 to this 〕〉,
　　　　S　　　　　　V　O 従接 S　　V　　　　　　　O

but 〈 that data 〔 collected several years ago 〕 indicated 〈 that more than 300 of
等接 O 従接 S　　　　　　　　　　　　　　　　　　　　V　　　O 従接　　　　S

them were being used (at that time)〉〉.
　　　　V

> **訳** ¹正確にはいくつの異なる言語がアメリカの家庭で話されているのだろうか。²国勢調査
> 局は，これに対する明確な答えはないが，数年前に集められたデータの示すところでは，当
> 時 300を超える言語が使われていたと述べる。

語句

exactly	副 正確に，厳密に
definite	形 明確な
data	名 資料，データ
	＊datumの複数形
collect	動 集める
at that time	熟 当時

24

1　解答・解説

文法事項の整理 ①　進行形・完了形の受動態

第2段落第2文の進行形の受動態を見てみよう。

Currently, this **is being done** by asking people whether they (and/or their children 5 years old or older) speak something other than English at home.

受動態の基本パターンは＜be P.P.＞。進行形や完了形の文を受動態にすると以下のようなパターンになる。

①　**進行形の受動態：＜be being P.P.＞「～されている，～されつつある」**

例 Two workers are repairing the elevator.

　「２人の作業員がエレベーターを修理している」

　⇒ The elevator **is being repaired** by two workers.

　「エレベーターが２人の作業員によって修理されている」

＊以下のようなイメージで考えるとわかりやすい。

進行形	be	*doing*	
＋受動態		be	P.P.
	be	**being**	**P.P.**

②　**完了形の受動態：＜have been P.P.＞「もう～された【完了】，～されたことがある【経験】，ずっと～されている【継続】」**

例 Mr. Ito has already finished the work.

　「伊藤さんはもうその仕事を仕上げた」

　⇒ The work **has** already **been finished** by Mr. Ito.

　「その仕事は伊藤さんによってもう仕上げられた」

＊以下のようなイメージで考えるとわかりやすい。

完了形	have	P.P.	
＋受動態		be	P.P.
	have	**been**	**P.P.**

25

▶**第5段落最終文**

The Census Bureau says that it doesn't have a definite answer to this, but that data collected several years ago indicated that more than 300 of them were being used at that time.

▶過去進行形の受動態。

1 解答・解説

語句リストの復習

次の和訳と対応する英語を，ヒントを参考にして書き，空欄を完成させよう。

● 20点 → パーフェクト！ 語彙力が武器になります！　● 16〜19点 → その調子！ 着実に身についています。
● 12〜15点 → もう一度取り組むと安心です。　● 11点以下 → 要復習！ 声に出して読むと覚えやすいでしょう。

/20点

①	of	c	熟	もちろん
②	h		副	しかしながら, けれども
③	p		副	部分的に, 一部分は
④	c		形	正しい, 正確な
⑤	g		名	政府
⑥	i		動	調査する
⑦	p		名	目的
⑧	d		名	困難, 苦労
⑨	e		名	取り組み, 試み
⑩	a		動	助ける, 支援する
⑪	r		形	最近の
⑫	i		動	示す
⑬	s		動	言う, 述べる
⑭	a		副	どうやら…らしい
⑮	by	f	熟	断トツで, ずば抜けて
⑯	a	for 〜	熟	〜の割合を占める
⑰	o		名	順番, 順序
⑱	d		形	明確な
⑲	c		動	集める
⑳	a	that time	熟	当時

答 ① course ② however ③ partly ④ correct ⑤ government ⑥ investigate ⑦ purpose
⑧ difficulty ⑨ effort ⑩ assist ⑪ recent ⑫ indicate ⑬ state ⑭ apparently ⑮ far
⑯ account ⑰ order ⑱ definite ⑲ collect ⑳ at

27

ディクテーションしてみよう！ 🔊 02-06

今回学習した英文に出てきた単語を，音声を聞いて ☐☐☐ に書き取ろう。

If someone were to ask you what language people in the United States speak in their own homes, your answer would probably be, "English, of course!" You might be surprised to learn, however, that that answer would be only partly **❶** c☐☐☐☐☐☐ .

For many years, the U.S. Census Bureau, a part of the American **❷** g☐☐☐☐☐☐☐☐☐ , has been investigating this language question. Currently, this is being done by asking people whether they (and/or their children 5 years old or older) speak something other than English at home. If the answer is "yes," then follow-up questions are asked about which language is used and how well the person can speak English. Two important **❸** p☐☐☐☐☐☐☐ of asking these 3 questions are to learn how many people have difficulty using English and to better understand how **❹** e☐☐☐☐☐☐ to assist such people should be made.

Recent Census Bureau results **❺** i☐☐☐☐☐☐☐ that about 79% of the 291.5 million people (aged 5 and over) in the U.S. speak only English at home. Stated another way, about 21% of the people speak a language other than English. Many of those people (about 58%), however, **❻** a☐☐☐☐☐☐☐☐ can also speak English "very well."

The Census Bureau results show that speakers of "Spanish or Spanish Creole" are, by far, the largest group of "other language" users. They **❼** a☐☐☐☐☐ for more than 60% of the "other language" people. After them come the speakers of Chinese, and then the speakers of Tagalog, Vietnamese, and French, in that **❽** o☐☐☐☐ .

Just exactly how many different languages are spoken in American homes? The Census Bureau says that it doesn't have a **❾** d☐☐☐☐☐☐☐ answer to this, but that data collected several years ago indicated that more than 300 of them were being used **❿** a☐☐ that time.

答 ❶ correct ❷ government ❸ purposes ❹ efforts ❺ indicate ❻ apparently ❼ account ❽ order ❾ definite ❿ at

2 解答・解説

問題は別冊 p.6

解答

問1	(1) d	(2) a	(3) c	(4) d	(5) b
問2	(1) c	(2) a	(3) b	(4) a	問3 d

解説

問1

(1)「生後 14 か月未満の赤ん坊が 1 日 1 時間テレビを見ると，_____」

　　a.「内容がわからないので何も学習しない」

　　b.「よい番組を楽しむことができるので，より多くの能力を発達させる」

　　c.「番組が赤ん坊を対象としたものであれば，よい友達を作る」

　　d.「テレビを見ない赤ん坊と比べ，脳の発達の遅れを示す」

　　▶第 1 段落第 2 文より，d が正解。

(2)「赤ん坊の脳の発達の観点から，子どもにとってよいテレビ番組は_____」

　　a.「ほかの番組と同様，役に立たない」

　　b.「大人向けの番組よりも悪い」

　　c.「子ども向けの非教育的な番組より効果的である」

　　d.「1 日に 60 分未満しか見ない限りは教育上役に立つ」

　　▶第 2 段落第 2 文より，a が正解。

(3)「赤ん坊にとって，テレビを見ることは_____」

　　a.「一部の番組は脳に害を与えるので，推奨されない」

　　b.「多くの単語を学習できるのでよい」

　　c.「話せるようになることや人と交流する上で役に立たない」

　　d.「赤ん坊だけを対象にした番組を見れば有益である」

　　▶第 3 段落第 2〜4 文より，c が正解。

(4)「親と違って，テレビは_____」

　　a.「面白いストーリーで赤ん坊を笑わせてくれる」

　　b.「気づかないうちに赤ん坊の話し言葉を修正する」

　　c.「赤ん坊の教育上の発達を助ける」

d. 「**赤ん坊を楽しませることはできるが, 交流はできない**」

▶第 3 段落第 5〜7 文より, d が正解。

(5) 「よりよい脳の発達のために, 親は_____」

a. 「子ども向けのテレビ番組を赤ん坊に見させるべきだ」

b. 「**赤ん坊とより多く話したり交流したりすべきだ**」

c. 「テレビを用いて, 赤ん坊に 1 人で話したり遊んだりさせるべきだ」

d. 「赤ん坊と一緒にいろいろな物事をするのは 1 日に多くても 1 時間にすべきだ」

▶第 3 段落第 2・3 文より, b が正解。

問2

(1) those はここでは babies を指す。as much は「同じだけ」の意で, 下線部を含む文の前半にある watch TV for 60 minutes daily と「同じだけ」。didn't watch の意味と合わせて考えると, c が正解だとわかる。

(2) 下線部の前の部分で TV seems so often to be a good friend to parents「テレビは親たちにとってよい友であると思われることが多い」とあり, 下線部直前の as は【理由】の接続詞。下線部の直訳は「それ (テレビ) は赤ん坊を喜んでいる状態に保つ」。

(3) 下線部直前に逆接の but があり, その前の部分ではテレビの (親にとっての) 長所が書かれているので, but 以下では対照的な情報が続くと考えられる。下線部 **(ウ)** の it は **(イ)** の it と同じく, TV を指している。

(4) this は原則として直前の文に指示内容がある。また, テレビを見ることで奪われるのはどのような時間であるか, 文脈から考える。

問3

a. 「**テレビと言語発達**」▶「言語」については書かれていない。

b. 「**赤ん坊にとってよいテレビ番組**」▶第 2 段落第 2 文から,「テレビ番組のよし悪しは問題ではない」ことがわかる。

c. 「**教育を助けるものとしてのテレビ**」▶テレビは教育にマイナスになるというのが本文の一貫した要旨。

d. **「赤ん坊の発育に対するテレビの影響」**▶本文全体の主題であり、タイトルにふさわしい。

第1段落 文の構造と語句のチェック

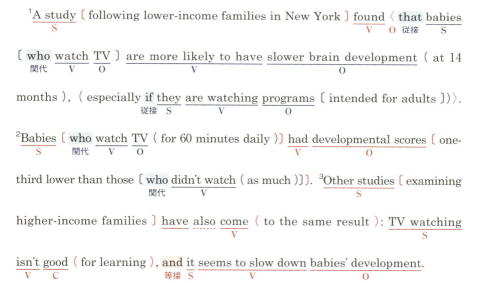

訳 ¹ニューヨークの低所得家庭を観察した研究によると、テレビを見る赤ん坊は、特に大人向けに作られた番組を見ている場合、生後14か月の時点で脳の発達が遅れている可能性が高いことがわかった。²毎日60分テレビを見る赤ん坊は、それほど見ない赤ん坊に比べ、発達指標が3分の1低かった。³高所得家庭を調査した別の研究でも、同様の結果になった。つまり、テレビ視聴は学習にとってよくないのであり、赤ん坊の発達を遅らせるようである。

語句

study	名	研究、調査
follow	動	観察する、見守る
low	形	低い

＊比較変化：low-lower-lowest

income	名	収入
be likely to *do*	熟	～しそうだ、～する可能性が高い
slow	形	遅い

＊比較変化：slow-slower-slowest

brain	名	脳	**developmental**	形	発達の
development	名	発達	**score**	名	得点, 点数
especially	副	特に	**examine**	動	調査する
program	名	番組	**result**	名	結果
(be) **intended for** ~	熟	~のために意図された	**learning**	名	学習
adult	名	大人	**seem to** *do*	熟	~するようだ
daily	副	毎日	**slow down** ~	熟	~を遅くする

第2段落 文の構造と語句のチェック

¹Then what about "good" TV programs 〔 intended for children 〕? ²The

researchers didn't find any negative or positive result 〔 on babies' development 〕
　　　S　　　　　V　　　　　　O　　等接

(compared with non-educational programs 〔 designed for children 〕). ³TV
　　　　　　　　　　　　　　　　　　　　　　　　　　　　　　　　　　　　　　S

seems so often to be a good friend to parents, (as it keeps babies happy (while
　V　　　　　　　　C　　　　　　　　　従接S　V　　O　　C　　従接

the grown-ups cook, answer the phone, or do other everyday work)), but it
　　S　　　　V　　　V　　　O　　等接V　　O　　　　　等接 S

doesn't support educational development.
　　V　　　　　O

> **訳** ¹それでは, 子ども向けに作られた「よい」テレビ番組はどうだろうか。²研究者たちは, 子ども向けの非教育的な番組と比べ, 赤ん坊の発達に関し, 何らの悪い結果もよい結果も見出さなかった。³テレビは, 大人が料理をしたり, 電話に出たり, ほかの日常的な仕事をしている間, 赤ん坊を喜ばせておいてくれるので, 親たちにとってよい友であると思われることが多い。しかし, テレビは教育的な発達の支援はしてくれない。

語句

what about ~?	熟	~はどうか	**non-educational**	形	非教育的な
researcher	名	研究者	(be) **designed for** ~	熟	~向けの, ~用の
negative	形	悪い, 思わしくない	**parent**	名	親
positive	形	よい, 好ましい	**keep** ~ ...	動	~を…(の状態)に保つ
compared with ~	熟	~と比較して	**grown-up**	名	大人
			cook	動	料理をする

2 解答・解説

answer the phone	熟	電話に出る	support	動	支える，支援する
other	形	ほかの	educational	形	教育的な
everyday	形	毎日の，日々の			

第3段落　文の構造と語句のチェック

¹Why does watching TV cause slower brain development?　²One thing is clear:
　　(V)　　　S　　　V　　　　O　　　　　　　　　　　S　　V　　C

babies spend less time (interacting with parents)(if they watch TV).　³Babies
S　　V　　O　　　　　　　　　　　　　　　　従接　S　　V　　O　　　　S

need interaction and simple but correct speech models (to learn to talk), and
V　　　O　　等接　　　　　　　　　O　　　　　　　　　　　　　　　　　等接

they also need to play and do things (together with parents)(for their learning
S　　　　V　　　等接　V　　O

and development).　⁴TV watching steals this time (from them).　⁵Babies
等接　　　　　　　　　　S　　　　V　　　O　　　　　　　　　　　　　S

[who watch TV] do listen to it, but get no response (from it)(when trying to
関代　V　　O　　　V　　　O　等接　V　　O　　　　　　　従接

communicate).　⁶Babies may smile (at the TV)(enjoying ⟨ what they see ⟩),
　　　　　　　　　　S　　　　V　　　　　　　　　　V'　　O'　関代　S　　V

but it will never smile back.　⁷(Unlike parents), TV is not interactional.
等接　S　　　V　　　　　　　　　　　　　　　　　　　S　V　　　C

> 訳　¹なぜテレビ視聴は脳の発達の遅れを引き起こすのだろうか。²明らかなことが1つある。赤ん坊はテレビを見ると，親とふれあって過ごす時間が少なくなるということだ。³赤ん坊が話せるようになるためには，ふれあいと，単純だが正確な発話の手本が必要なのであり，学習と発達のために親と一緒に遊んだりいろいろな事をしたりすることも必要である。⁴テレビ視聴はこのような時間を赤ん坊から奪ってしまうのだ。⁵テレビを見る赤ん坊は確かにテレビの音声を聞いてはいるが，コミュニケーションをしようとしたときにテレビから何も反応が返ってこない。⁶赤ん坊は自分が見ているものを楽しみながらテレビにほほえみかけるかもしれないが，テレビは決してほほえみ返してはくれない。⁷親と異なり，テレビは相互作用的ではないのだ。

33

Check! 第2文の spend は，〈 spend ＋時間＋（ in ） *doing* 〉で「〜して〈時間〉を過ごす」の意味。in は省略可能。

語句

cause	動	引き起こす
clear	形	明確な
spend	動	過ごす，費やす
interact with 〜	熟	〜とふれあう，交流する
need	動	必要とする
interaction	名	ふれあい，交流
simple	形	単純な，簡単な
correct	形	正確な
speech	名	話すこと，話し言葉
model	名	手本，模範
learn to *do*	熟	〜することを学ぶ，〜できるようになる

together with 〜	熟	〜と一緒に
steal	動	盗む
listen to 〜	熟	〜を聞く
response	名	反応
try to *do*	熟	〜しようとする
communicate	動	コミュニケーションをする，意思の疎通をする
smile at 〜	熟	〜にほほえみかける
enjoy	動	楽しむ
smile back	熟	ほほえみ返す
unlike 〜	前	〜と違って
interactional	形	相互作用的な

第4段落　文の構造と語句のチェック

¹The first two years is very important (for the brain development of babies).
（S）（V）（C）

²(If they watch TV (during this time)), (no matter what the content is), they
（従接 S）（V）（O）　　　　　　　　　　（関代）（S）（V）（S）

miss out on 《《 exploring and experimenting with things 》, and 〈 playing with
（V）（O ①）（等接）　　　　　　　　　　　　（等接 ②）

parents 》》, which are all necessary (for developing their intelligence and
（関代）（V）（C）　　　　　　　　　　　　　（①）（等接）

social skills).
（②）

訳 ¹最初の2年間は赤ん坊の脳の発達にとって非常に重要である。²この時期に赤ん坊がテレビを見ると，その内容が何であれ，物事を探求したり実験したり，親と一緒に遊んだりする機会を逃してしまう。だがそれらはすべて，赤ん坊の知能や人付き合いの技術を発達させる上で必要なのだ。

34

Check! 第2文の no matter ～（～は what / who / which / how / when / where ）は「たとえ～しても」の意味を表し，副詞節を導く。-ever と書き換え可能。

例 No matter where you go, I will find you out.
= Wherever you go, I will find you out.
「たとえあなたがどこに行っても見つけ出します」

語句

important	形 重要な	explore	動 探る，探求する
during ～	前（～（期間）の間に	experiment	動 実験する
no matter what ～	熟 たとえ～が何でも	necessary	形 必要な
content	名 内容	intelligence	名 知能，知性
miss out on ～	熟 ～の機会を逃す	social	形 社交上の，人付き合いの
		skill	名 技術

文法事項の整理 ②　譲歩⇒逆接パターン

第3段落第6文の文のパターンについて見てみよう。

Babies **may** smile at the TV enjoying what they see, **but** it will never smile back.

　論説文で，筆者が自らの主張の説得力を増すために，単に主張を押しつけるのではなく，対立する見解にも配慮を示しつつ，逆接で方向転換して主張を展開することがある。以下のようなパターンがあるので，知っておこう。〈…〉の部分が筆者の主張である。

```
┌─ S＋may［might］＋V ～─┐
│  It is true that S＋V ～      │
│  Of course ～                 │
│  Certainly ～                 ├, but …「確かに［なるほど］～だが…」
│  To be sure ～                │
│  Admittedly ～                │
└─ No doubt ～                 ┘
```

例 It is true that he is inexperienced, but I'm sure he is capable of the job.

「確かに彼は経験不足だが，きっとその仕事をする能力があると思う」

▶**第3段落第6文**

Babies may smile at the TV enjoying what they see, but it will never smile back.

この英文は以下のような流れで，テレビの弊害を説いている。

【譲歩】赤ん坊はテレビを見てほほえむかもしれない

↓

【逆接】しかし

↓

【主張】テレビはほほえみ返さない（→テレビは相互作用的ではない）

2 解答・解説

語句リストの復習

次の和訳と対応する英語を，ヒントを参考にして書き，空欄を完成させよう。

● 20点 → パーフェクト！ 語彙力が武器になります！　● 16〜19点 → その調子！ 着実に身についています。
● 12〜15点 → もう一度取り組むと安心です。　● 11点以下 → 要復習！ 声に出して読むと覚えやすいでしょう。

/20点

①	i		名	収入
②	b		名	脳
③	r		名	結果
④	r		名	研究者
⑤	n		形	悪い，思わしくない
⑥	p		形	よい，好ましい
⑦	c	with 〜	熟	〜と比較して
⑧	e		形	教育的な
⑨	c		動	引き起こす
⑩	i	with 〜	熟	〜とふれあう，交流する
⑪	i		名	ふれあい，交流
⑫	s		形	単純な，簡単な
⑬	s		名	話すこと，話し言葉
⑭	r		名	反応
⑮	u		前	〜と違って
⑯	c		名	内容
⑰	m	out on 〜	熟	〜の機会を逃す
⑱	e		動	探る，探求する
⑲	e		動	実験する
⑳	i		名	知能，知性

答 ① income ② brain ③ result ④ researcher ⑤ negative ⑥ positive ⑦ compared
⑧ educational ⑨ cause ⑩ interact ⑪ interaction ⑫ simple ⑬ speech ⑭ response ⑮ unlike
⑯ content ⑰ miss ⑱ explore ⑲ experiment ⑳ intelligence

ディクテーションしてみよう！ 🔊 08-11

今回学習した英文に出てきた単語を，音声を聞いて □□□ に書き取ろう。

A study following lower-income families in New York found that babies who watch TV are more likely to have slower ❶ b_____ development at 14 months, especially if they are watching programs intended for adults. Babies who watch TV for 60 minutes daily had developmental scores one-third lower than those who didn't watch as much. Other studies examining higher-income families have also come to the same ❷ r_____ : TV watching isn't good for learning, and it seems to slow down babies' development.

Then what about "good" TV programs intended for children? The researchers didn't find any ❸ n_____ or positive result on babies' development ❹ c_____ with non-educational programs designed for children. TV seems so often to be a good friend to parents, as it keeps babies happy while the grown-ups cook, answer the phone, or do other everyday work, but it doesn't support ❺ e_____ development.

Why does watching TV ❻ c_____ slower brain development? One thing is clear: babies spend less time interacting with parents if they watch TV. Babies need ❼ i_____ and simple but correct speech models to learn to talk, and they also need to play and do things together with parents for their learning and development. TV watching steals this time from them. Babies who watch TV do listen to it, but get no ❽ r_____ from it when trying to communicate. Babies may smile at the TV enjoying what they see, but it will never smile back. ❾ U_____ parents, TV is not interactional.

The first two years is very important for the brain development of babies. If they watch TV during this time, no matter what the ❿ c_____ is, they miss out on exploring and experimenting

38

with things, and playing with parents, which are all necessary for developing their ⓫ i⎵⎵⎵⎵⎵⎵⎵⎵⎵⎵ and social skills.

答 ❶ brain　❷ result　❸ negative　❹ compared　❺ educational　❻ cause　❼ interaction
❽ response　❾ Unlike　❿ content　⓫ intelligence

3 解答・解説

問題は別冊 p.10

解答

| 問 | （ウ） | （エ） | （カ） | （コ） | （ソ） |

解説

問

（ア）「手洗いは病気を蔓延させるための効果的な方法である」
▶第1段落第1文と不一致。病気の蔓延を防ぐための効果的な方法として手洗いが挙げられている。

（イ）「人々に石けんと水で手洗いをさせないようにするプログラムが世界中にある」▶第1段落第2文と不一致。手洗いを推進するプログラムがあると書かれている。

（ウ）「**もし人々が頻繁に石けんで手を洗えば，毎年100万人の命が救われるだろう**」▶第1段落第3文と一致。

（エ）「**手洗いは病原菌を死滅させることにより病気を予防し得る**」
▶第2段落第1文と一致。

（オ）「人々は自分の目，鼻，口を触ることで自らを感染させることはない」
▶第2段落第2文と不一致。

（カ）「**近くの人がくしゃみやせきをしたあとに自分の鼻や目を触ることは，風邪をひく原因となり得る**」▶第2段落第4文と一致。

（キ）「食べ物を調理する前に手を洗うことは重要だが，調理のあとはそうではない」▶第3段落第1文と不一致。調理の前後ともに重要だとある。

（ク）「動物を扱ったり赤ん坊をきれいに拭いたりすることは手を清潔に保つよい方法である」▶第3段落第2文と不一致。

（ケ）「家の中の誰かが病気になるのは，常にくしゃみやせきのあとにお金を扱ったことが原因である」▶このような記述はない。第3段落第3・4文参照。

（コ）「**石けんとお湯をかけたあとに手をこすり合わせることは，最も効果的な手洗いの方法である**」▶第4段落第1文と一致。

（サ）「特別な抗菌用の石けんを使うことが重要であると医者は言う」
▶第4段落第2文と不一致。

40

3 解答・解説

（シ）「手をこする前に 10〜15 秒間，高温の湯で手をゆすぐべきだ」
　　▶このような記述はない。第 4 段落第 3 文には，「手のすべての部分を 10
　　〜15 秒間こするように」とある。

（ス）「公衆トイレのペーパータオルには多くの病原菌がついているので，それ
　　を使って水を止めるべきではない」▶第 5 段落第 1 文と不一致。

（セ）「医者は人々に公衆トイレを使わないようにとの忠告もする」
　　▶このような記述はない。

（ソ）「手を乾かすのに使ったタオルで公衆トイレの扉を開けることは，手に病
　　原菌がつくのを避けるのに役立ち得る」▶第 5 段落第 2 文と一致。

▼

それでは次に，段落ごとに詳しくみていこう。　🔊 12

第 1 段落　文の構造と語句のチェック

——従接 that 省略

¹Doctors say ⟨ the most effective way 〔 to prevent the spread of disease 〕 is ⟨ for
　S　　V　O　　　　　　　　　S　　　　　　　　　　　　　　　　　　　V　C

people to wash their hands (with soap and water)⟩⟩. ²There are programs
S′　　V′　　O′　　　　　　　　　　　　　　　　　　　　　　　V　　S

(around the world) 〔 to increase hand-washing with soap 〕. ³One million lives
　　　　　　　　　　　　　　　　　　　　　　　　　　　　　　　S

could be saved (each year) (if people washed their hands (with soap) often).
　　V　　　　　　　　　　　　従接　S　　V　　　O

> **訳** ¹病気の蔓延を防ぐ最も効果的な方法は，人々が石けんと水で手を洗うことだと医者は言
> う。²石けんで手を洗うことを増やすためのプログラムが世界中にある。³もし人々が石けん
> で頻繁に手を洗っていれば，100 万人の命が毎年救われるであろう。

🔵 Check!　第 1 文 … is for people to wash their hands with soap and water の部分
は，不定詞の意味上の主語が for A で表されている。このように，**for A to do**
の形で**不定詞の意味上の主語**を示し，「A が〜すること［〜すべき／〜するため
に／〜するには］」などの意味を表す。

41

語句

doctor	名	医師
effective	形	効果的な
prevent	動	防ぐ，予防する
spread	名	広がり，蔓延，普及
disease	名	病気
wash	動	洗う
soap	名	石けん
program	名	プログラム，一連の作業［工程］

around ～	前	～のいたる所に，～のあちこちに
world	名	世界
increase	動	増やす，高める
hand-washing	名	手洗い
million	名	百万
life	名	命，生命（＊複数形 lives）
save	動	救う
each year	熟	毎年
often	副	しばしば，頻繁に

第2段落　文の構造と語句のチェック

関代 which [that] 省略

[1] Hand-washing kills germs 〔 from other people, animals or objects 〔 a person has touched 〕〕. [2]（ When people get bacteria （ on their hands ）），they can infect themselves （ by touching their eyes, nose or mouth ）. [3] Then these people can infect other people. [4] The easiest way 〔 to catch a cold 〕 is 〈 to touch your nose or eyes （ after someone nearby has sneezed or coughed ）〉. [5] Another way 〔 to become sick 〕 is 〈 to eat food 〔 prepared by someone 〔 whose hands are not clean 〕〕〉.

訳 [1]手洗いにより，接触したほかの人，動物，物から来た病原菌は死滅する。[2]手にばい菌がついていると，人々は目や鼻や口を触ることにより自ら感染してしまう可能性がある。[3]その後，このような人々が他人に感染させてしまう可能性がある。[4]風邪をひく最も簡単な方法は，近くにいる人がくしゃみやせきをしたあとに自分の鼻や目を触ることである。[5]病気になるもう1つの方法は，手が清潔でない人が調理した食べ物を食べることである。

語句

kill	動	殺す

other	形	ほかの
object	名	物，物体

3 解答・解説

person	名	人，個人	
eye	名	目	
nose	名	鼻	
mouth	名	口	
easy	形	簡単な	

＊比較変化：easy-easier-easiest

catch a cold 熟 風邪をひく

nearby	形	近くの
cough	動	せきをする
another	形	ほかの，もう1つの
sick	形	病気の
prepare	動	調理する
clean	形	清潔な，きれいな

第3段落　文の構造と語句のチェック

¹Hand-washing is especially important (before and after preparing food),
　S　　　　　　V　　　　　　　　　C　　　　①　等接

(before eating), and (after using the toilet). ²People should wash their hands
②　　　　　　等接　　③　　　　　　　　　　　　S　　　　V　　　　O

　　　　　　　　　　　　　　　　　　　　　　　従接 that 省略↓

(after handling animals) and (after cleaning a baby). ³Doctors say ⟨ it is
①　　　　　　　　　　　　等接　　②　　　　　　　　　　　　S　　V　O仮S V

also a good idea ⟨ to wash your hands (after handling money) and (after
　　　C　　　真S　　　　　　　　　①　　　　　　　　　　　等接　　②

sneezing or coughing ⟩⟩⟩. ⁴It is important ⟨ to wash your hands often ⟩
　　　　　　　　　　　　　仮S V　　C　　　真S

(when someone 〔 in your home 〕 is sick).
　従接　　S　　　　　　　　　　　V　C

訳 ¹手洗いは食べ物の調理の前後，食事の前，そしてトイレを使ったあとには特に重要である。²動物に触れたあとや赤ちゃんをきれいに拭いたあとには手を洗うべきである。³お金を扱ったり，くしゃみやせきをしたあとに手を洗うのもいい考えだと医者は言う。⁴自分の家の誰かが病気のときには頻繁に手を洗うことが重要である。

語句

especially	副	特に
important	形	重要な
toilet	名	トイレ，便器

handle	動	扱う，手を触れる
clean	動	きれいにする，掃除する
also	副	～も，～もまた
idea	名	考え

43

第4段落　文の構造と語句のチェック

[1]The most effective way [to wash your hands] is ⟨ to rub them together (after
　　　S　　　　　　　　　　　　　　　　　　　　　　V　C

putting soap and warm water on them)⟩.　[2]Doctors say ⟨ you do not have to use
　　　　　①　等接　②　　　　　　　　　　　　　　S　　V　O　S　　　　　V
　　　　　　　　　　　　　　　　　　　　　　　　　┌── 従接 that 省略

special anti-bacterial soap ⟩.　[3]Be sure to rub all areas of the hands (for about ten
　　　　O　　　　　　　　　　　　　　　　　V　　　　　O

to fifteen seconds).　[4]The soap and the rubbing action remove germs.　[5]Rinse
　　　　　　　　　　　　　　　　等接　S　　　　　　　　　V　　　O　　　　V

the hands (with water) and dry them.
　　O　　　　　　　　　　等接　V　O

> **訳** [1]手洗いの最も効果的な方法は, 石けんをつけ, お湯をかけたあとに手をこすり合わせる
> ことである。[2]特別な抗菌用の石けんを使う必要はないと医者は言う。[3]約 10〜15秒, 手の全
> 体を必ずこすりなさい。[4]石けんとこする行為が, 病原菌を取り除くのだ。[5]水で手をゆすぎ,
> 乾かしなさい。

語句

rub	動 こする	**be sure to** *do*	熟 必ず〜する, きっと〜する
▶ **rub** 〜 **together** 〜をこすり合わせる		**area**	名 場所, 範囲, 部位
warm	形 温かい	**second**	名 秒
have to *do*	熟 〜しなければならない	**action**	名 行為, 行動
▶ don't have to *do* 〜する必要はない		**remove**	動 取り除く
special	形 特別な	**rinse**	動 ゆすぐ, すすぐ
		dry	動 乾かす

第5段落　文の構造と語句のチェック

[1]People [using public restrooms] should dry their hands (with a paper towel)
　　S　　　　　　　　　　　　　　　　　　　V　　　　　O
　　　┌── (should)

and use the towel (to turn off the water).　[2]Doctors also advise ⟨ using the paper
等接　V　O　　　　　　　　　　　　　　　　　S　　　　　V　　　O

towel (to open the restroom door) (before throwing the towel away) (in order to

44

3 解答・解説

help you avoid getting the germs of people 〔 who did not wash well 〕)〉.
関代　　　V′

> **訳** ¹公衆トイレを使う人は，ペーパータオルで手を乾かし，水を止めるのにそのペーパータオルを使うべきだ。²しっかり洗わない人々の病原菌をもらうのを避けられるようにするため，ペーパータオルを捨てる前に，トイレの扉を開けるのにペーパータオルを使うことも医者は勧める。

Check! 第2文 in order to help you avoid getting the germs of people who did not wash well の help の用法に注目しよう。**〈help＋O＋to _do_〉で「O が〜するのを助ける」**の意味だが，to が省略され〈help＋O＋_do_〉も可。

語句

public	形	公の，公共の		
restroom	名	トイレ		
towel	名	タオル		
turn off ～	熟	～を止める，消す，切る		

advise	動	勧める
throw away ～	熟	～を捨てる
in order to _do_	熟	～するために
well	副	よく，十分に

文法事項の整理 ③　仮定法の基本パターン

第1段落第3文の仮定法過去について見てみよう。

One million lives **could be saved** each year if people **washed** their hands with soap often.

　「仮定法」とは，事実に反することを仮定する表現方法である。これに対し，事実をそのまま述べる方法は「直説法」という。

　仮定法の特徴は，現在の内容が過去形で，過去の内容が過去完了形で書かれる，つまり，時制が1つ前にずれるという点である。

45

例 ① If I were rich, I could buy the house.
「(今) 私が金持ちなら, (今) その家を買えるのだが」
  ▶現実は, 金持ちでないから買えない。
  (≒As I am not rich, I can't buy the house.)

例 ② If I had been rich, I could have bought the house.
「(あのとき) 私が金持ちだったら, (あのとき) その家を買えたのだが」
  ▶現実は, 金持ちでなかったから買えなかった。
  (≒As I was not rich, I couldn't buy the house.)

例 ③ If I had worked hard, I could buy the house.
「(あのとき) 熱心に働いていたら, (今) その家を買えるのだが」
  ▶現実は, 熱心に働かなかったから買えない。
  (≒As I did not work hard, I can't buy the house.)

パターンを整理すると以下のようになる。

If＋S＋動詞の過去形〜 ──①→ **S＋助動詞の過去形＋*do* ...**
「(今) S が〜すれば」　　　③　　「(今) S は…するだろう」

If＋S＋had＋過去分詞〜 ──②→ **S＋助動詞の過去形＋have＋過去分詞 ...**
「(あのとき) S が〜したら」　　「(あのとき) S は…しただろう」

(①②③は, 上の例文に対応)

---

①のパターンを「仮定法過去」, ②のパターンを「仮定法過去完了」という。
③は①＋②の混合である。

▶第１段落第３文は仮定法過去 (上記①のパターン) である。

3 解答・解説

文法事項の整理 ④　分詞の形容詞用法

第2段落第5文の分詞の形容詞用法について見てみよう。
Another way to become sick is to eat food **prepared** by someone whose hands are not clean.

　現在分詞（動詞の -ing 形），過去分詞（動詞の -ed 形，ただし不規則活用に注意）は，名詞を修飾する用法を持つ。これを，「分詞の形容詞用法」という。

　現在分詞は「～している」，過去分詞は「～される［た］」の意味を表す。分詞が単独の場合は，名詞の前に置かれるのがふつう。

例　　Look at the walking dog.「歩いている犬を見なさい」

　　　Look at the broken vase.「割られた花瓶を見なさい」

分詞が2語以上のかたまりになるときは，名詞のあとに置く。

例　　Look at the dog walking in the park.

　　　「公園で歩いている犬を見なさい」

例　　Look at the vase broken by your son.

　　　「あなたの息子によって割られた花瓶を見なさい」

▶第2段落第5文は，prepared（過去分詞）以降がかたまりを作り，前のfoodを修飾している。

▶第5段落第1文は，using（現在分詞）以降がかたまりを作り，前のPeopleを修飾している。

People using public restrooms should dry their hands with ...

47

語句リストの復習

次の和訳と対応する英語を，ヒントを参考にして書き，空欄を完成させよう。

- 20点 → パーフェクト！ 語彙力が武器になります！
- 16〜19点 → その調子！ 着実に身についています。
- 12〜15点 → もう一度取り組むと安心です。
- 11点以下 → 要復習！ 声に出して読むと覚えやすいでしょう。

/20点

①	e	形	効果的な
②	p	動	防ぐ，予防する
③	s	名	広がり，蔓延，普及
④	d	名	病気
⑤	i	動	増やす，高める
⑥	s	動	救う
⑦	o	名	物，物体
⑧	p	名	人，個人
⑨	n	形	近くの
⑩	c	動	せきをする
⑪	p	動	調理する
⑫	e	副	特に
⑬	h	動	扱う，手を触れる
⑭	i	名	考え
⑮	r	動	こする
⑯	w	形	温かい
⑰	a	名	行為，行動
⑱	r	動	取り除く
⑲	p	形	公の，公共の
⑳	t	away 〜 熟	〜を捨てる

答 ① effective ② prevent ③ spread ④ disease ⑤ increase ⑥ save ⑦ object ⑧ person
⑨ nearby ⑩ cough ⑪ prepare ⑫ especially ⑬ handle ⑭ idea ⑮ rub ⑯ warm ⑰ action
⑱ remove ⑲ public ⑳ throw

ディクテーションしてみよう！ 🔊 13-17

今回学習した英文に出てきた単語を，音声を聞いて　　　に書き取ろう。

　Doctors say the most effective way to prevent the spread of ❶ d_____ is for people to wash their hands with soap and water. There are programs around the world to increase hand-washing with soap. One million lives could be ❷ s____ each year if people washed their hands with soap often.

　Hand-washing kills germs from other people, animals or ❸ o_____ a person has touched. When people get bacteria on their hands, they can infect themselves by touching their eyes, nose or mouth. Then these people can infect other people. The easiest way to catch a cold is to touch your nose or eyes after someone nearby has sneezed or ❹ c_____. Another way to become sick is to eat food ❺ p_____ by someone whose hands are not clean.

　Hand-washing is ❻ e_____ important before and after preparing food, before eating, and after using the toilet. People should wash their hands after ❼ h_____ animals and after cleaning a baby. Doctors say it is also a good idea to wash your hands after handling money and after sneezing or coughing. It is important to wash your hands often when someone in your home is sick.

　The most effective way to wash your hands is to ❽ r__ them together after putting soap and warm water on them. Doctors say you do not have to use special anti-bacterial soap. Be sure to rub all areas of the hands for about ten to fifteen seconds. The soap and the rubbing action ❾ r_____ germs. Rinse the hands with water and dry them.

　People using ❿ p_____ restrooms should dry their hands with a paper towel and use the towel to turn off the water. Doctors also advise using the paper towel to open the restroom door before ⓫ t_____ the towel away in order to help you avoid getting the germs of people who did not wash well.

答　❶ disease　❷ saved　❸ objects　❹ coughed　❺ prepared　❻ especially　❼ handling　❽ rub　❾ remove　❿ public　⓫ throwing

4 解答・解説

問題は別冊 p.14

解 答

問1	たとえばヨーロッパでは，コーヒーショップは人々がコーヒーを飲みながら友人と会ったり，おしゃべりをしたりする，一般的な場所である。

問2	③	**問3**	(1)×	(2)×	(3)○	(4)×	**問4**	②

問5	アメリカに戻ってから，シュルツはスターバックスコーヒーに快適で気楽な雰囲気を作り出した。そして，あらゆる場所の客がそれを気に入ったようであった。

問6	④	**問7**	②，⑦

解 説

問1

以下のポイントをおさえよう！

☑ for example「たとえば」は，最初に訳す。このように，直前の文との論理関係を示す副詞語句は，文中での位置にかかわらず最初に訳す。however「しかし」や therefore「したがって」も同様。

☑ coffee shop(s) は「コーヒーショップ」「喫茶店」などと訳す。

☑ common は①「ふつうの，ありふれた」②「共通の」③「公共の」などの意味を持つ。ここでは①。

☑ to 不定詞の前に for A があると，**不定詞の意味上の主語**を表す（▶ 57 ページ「文法事項の整理⑤」参照）。

☑ to meet friends と to talk が and により並列。places を修飾する形容詞用法の不定詞。

☑ while は①「～している間に」【時】②「～だけど」【譲歩】③「～の一方で」【対比】の意味がある。ここでは①。同時進行を表すので，「～しながら」などと訳してもよい。

☑ while が導く副詞節は meet friends と talk を修飾。

50

4 解答・解説

問2

空所の後ろには its own coffee beans とあり，これが空所に入るべき動詞の目的語であると考える。各選択肢の意味は，①「料理した」②「沸かした」③「**炒った**」④「燃やした」。

問3

(1) ▶ 第3段落第3文に「ニューヨークで働いていた」とあるが，ニューヨークで生まれたとは書いていない。

(2) ▶ 第3段落第6文に「スターバックスの創業者がシュルツを雇った」とあるので，シュルツ自身は経創業者ではないことがわかる。

(3) ▶ 第3段落第3文と一致。

(4) ▶ 第3段落第4文によれば，コーヒーメーカーを大量に注文したのはスターバックスであり，シュルツではない。

問4

catch *one's* eye で「～の目にとまる，～の注意を引く」の意味。

問5

以下のポイントをおさえよう！

☑ Back in the USA は，アメリカ人のシュルツがイタリアに旅行したという文脈を踏まえ，「アメリカに戻って」などと訳す。

☑ atmosphere は①「空気，大気」②「雰囲気，ムード」の意味がある。ここでは②。

☑ that は主格の関係代名詞。先行詞は直前の Starbucks coffee shops ではなく（仮にこれが先行詞なら，複数扱いなので that *were* … となるはず），an atmosphere。that の導く節は casual まで。

☑ seem to *do* は「～するようだ」の意味。

☑ 文末の it は an atmosphere を指す。

問6

空所の後ろには，that does not mean Starbucks has not had problems「それ

51

は，スターバックスに問題がなかったということを意味するわけではない」とある。not が 2 回使われて**二重否定**になっているので，「スターバックスにも問題はあった」という内容。これに対し，前の段落ではスターバックスが全世界で店舗を増やして成功している様子が記述されている。そこで，【逆接】を表す However が正しいとわかる。各選択肢の意味は，①「**そこで，だから**」(等位接続詞) ②「**したがって**」(副詞) ③「**～だけど**」(従属接続詞) ④「**しかし**」(副詞)。なお，③の though は however と同様の副詞の働きもあるが，その場合は文頭には置かない。

問7

① ▶ 第 1 段落第 4 文によれば，家庭でコーヒーを飲む文化は従来からあったとわかる。

② ▶ 第 2 段落第 1 文と一致。

③ ▶ そのような記述はない。

④ ▶ そのような記述はない。第 4 段落第 2 文でエスプレッソ・バーに注目したとの記述があるのみ。

⑤ ▶ 第 4 段落第 6 文に there are more than 16,000 Starbucks coffee shops worldwide との記述がある。worldwide は「世界中に，全世界に」の意味。つまり，アメリカを含めての数字である。

⑥ ▶ 第 5 段落第 2 文に many Starbucks locations have closed over the past few years との記述があるが，「ヨーロッパで」とは書かれていない。

⑦ ▶ 第 5 段落第 4 文の the "feel the same everywhere" atmosphere offered by Starbucks の部分と一致する。

▼

それでは次に，段落ごとに詳しくみていこう。　🔊 18

第1段落　文の構造と語句のチェック

¹(Although people everywhere seem to enjoy 〈 drinking coffee 〉), they do not
　　　従接　　　　S　　　　　　　　V　　　　　O　　　　　　　　　　　　S

all have the same coffee culture. ²(In Europe), (for example), coffee shops are
　　 V　　　　O　　　　　　　　　　　　　　　　　　　　　　　　　　　S　　　 V

52

common places [for people to meet friends and to talk (while they drink coffee)].

³(On the other hand), locations [like this] were not as common (in North America)(in the past). ⁴(Instead), people [in North America] tended to drink coffee(in their homes)(with their friends). ⁵The coffee culture [in the USA] changed (when Starbucks coffee shops spread (across the country)).

訳 ¹あらゆる地域の人々がコーヒーを飲むことを楽しむようであるが, 皆が同じコーヒー文化を持っているというわけではない。²たとえばヨーロッパでは, コーヒーショップは人々がコーヒーを飲みながら友人と会ったり, おしゃべりをしたりする, 一般的な場所である。³他方, 北米ではかつて, このような店舗はそれほど一般的ではなかった。⁴その代わりに, 北米の人々は自宅で友人と一緒にコーヒーを飲む傾向があった。⁵アメリカのコーヒー文化は, スターバックスコーヒーが国中に広がったときに変化した。

 第1文 not all ... は「すべてが…わけではない」という部分否定。

語句

although	接	…だが
everywhere	副	あらゆる所で
seem to *do*	熟	~するようだ
culture	名	文化
Europe	名	ヨーロッパ
for example	熟	たとえば
common	形	ふつうの, ありふれた
while	接	…する間に
on the other hand	熟	他方で, その一方で
location	名	場所, 店舗
North America	名	北米, 北アメリカ
past	名	過去, 昔／形 過去の
▶ in the past		過去に, 昔は
instead	副	その代わりに
tend to *do*	熟	~する傾向がある
spread	動	広がる, 拡大する
＊活用：spread-spread-spread		
across ~	前	~の至る所に
country	名	国, 国家

第2段落 文の構造と語句のチェック

¹The first Starbucks coffee shop opened (in 1971) (in downtown Seattle,

Washington, in the USA). ²It was a small coffee shop [that roasted its own coffee
                                   S V   C   関代   V   O

beans]. ³The coffee shop's business did well, and (by 1981) there were
                    S   V   等接   V

three more Starbucks stores (in Seattle).
                S

> **訳** ¹スターバックスコーヒーの第1号店は1971年に、アメリカのワシントン州シアトルの繁華街にオープンした。²それは，自家製のコーヒー豆を炒る小さなコーヒーショップであった。³そのコーヒーショップの営業は順調で，1981年までにシアトルにはさらに3軒のスターバックスができた。

> **語句**
>
> | | | | |
> |---|---|---|---|
> | **downtown** | 形 中心部の，繁華街の | bean | 名 豆 |
> | roast | 動 あぶる，炒る | business | 名 事業，商売，売り上げ |
> | | | do well | 熟 うまくいく |

第3段落　文の構造と語句のチェック

¹Things really began to change (for the company) (in 1981). ²(That year),
  S   V

Howard Schultz met the three men [who ran Starbucks]. ³Schultz worked (in
         S   V   O   関代 V   O   S   V

New York) (for a company [that made kitchen equipment]). ⁴He noticed
                             関代 V   O   S   V

⟨ that Starbucks ordered a large number of special coffee makers⟩, and he was
O 従接   S   V   O   等接 S V

curious. ⁵Schultz went (to Seattle) (to see ⟨ what Starbucks did ⟩). ⁶(In 1982),
  C   S   V   疑   S   V

the original Starbucks owners hired Schultz (as the company's head of
                 S   V   O

marketing).

> **訳** ¹その会社にとって状況が本当に変化し始めたのは1981年であった。²その年，ハワード・シュルツはスターバックスを経営する3人の男たちに会った。³シュルツはニューヨークで台所用品を製造する会社に勤めていた。⁴彼は，スターバックスが多数の特殊なコーヒー

54

4 解答・解説

メーカーを注文するのに気づき，好奇心を持った。⁵シュルツはスターバックスが何をしているのか調べようとシアトルに行った。⁶1982年に，スターバックスの創業者たちはシュルツを会社の市場調査の責任者として雇った。

語句

thing	名 事，事柄；(-s) 事態，状況	**order**	動 注文する
begin	動 始める	**a large number of 〜**	熟 多数の〜
＊活用：begin-began-begun		**special**	形 特別な
▶ begin to *do* / begin *doing* 〜し始める		maker	名 〜を作る機械［器具］
company	名 会社	**curious**	形 好奇心を持って
run	動 経営する	**original**	形 最初の
＊活用：run-ran-run		**owner**	名 オーナー，所有者
equipment	名 備品，装備，機材	**hire**	動 雇う
notice	動 気づく	head	名 長，責任者
		marketing	名 マーケティング，市場調査

第4段落 文の構造と語句のチェック

¹(In 1983), Schultz traveled (to Italy). ²The unique atmosphere 〔 of the espresso bars there 〕 caught his eye. ³(Back in the USA), Schultz created an atmosphere (for Starbucks coffee shops) 〔that was comfortable and casual 〕, and customers everywhere seemed to like it. ⁴Starbucks began 〈 opening more locations (across the USA)〉. ⁵Then the company opened coffee shops (in other countries) (as well). ⁶Today, there are more than 16,000 Starbucks coffee shops worldwide.

訳 ¹1983年に，シュルツはイタリアに出かけた。²そこにあったエスプレッソ・バーの独特な雰囲気が彼の関心を引いた。³アメリカに戻ってから，シュルツはスターバックスコーヒーに快適で気楽な雰囲気を作り出した。そして，あらゆる場所の客がそれを気に入ったようであった。⁴スターバックスはアメリカ中にさらに多くの店舗をオープンし始めた。⁵その上，その会社はほかの国にもコーヒーショップをオープンした。⁶今日，全世界にスターバックスコーヒーの店舗は1万6千以上ある。

55

語句

travel	動	旅行する
unique	形	独特な
atmosphere	名	雰囲気
espresso	名	エスプレッソ（イタリア式のコーヒー）
catch *one's* eye	熟	～の目にとまる，～の注意を引く
create	動	作り出す，創造する
comfortable	形	心地よい
casual	形	形式張らない，カジュアルな
customer	名	客，顧客
as well	熟	～も
worldwide	副	世界中で

第5段落　文の構造と語句のチェック

┌─ 従接 that 省略

¹However, that does not mean ⟨Starbucks has not had problems⟩.　²(As a
　　　　　S　　V　　　　O　　　S　　　　V　　　　O

matter of fact), many Starbucks locations have closed (over the past few years).
　　　　　　　　　S　　　　　　　　　　V

³(In some cases), this is (because there were too many coffee shops [competing
　　　　　　　　S　V　　従接　　　V　　　　S

for business](in one small area)).　⁴(In other cases), locations [in some
　　　　　　　　　　　　　　　　　　　　　　　　　　　　S

countries] closed (because the coffee culture there did not match (with the "feel
　　　　　V　　従接　　　　S　　　　　　V

the same everywhere" atmosphere [offered by Starbucks])).

訳　¹しかしながら，それはスターバックスに問題がなかったということを意味するわけではない。²実は，ここ数年で多くのスターバックスの店舗が閉店している。³いくつかのケースでは，1つの小さな地域であまりに多数のコーヒー店が売り上げを競っていたことが原因である。⁴また，いくつかの国々の店舗が，スターバックスの提供する「どこでも同じ気分」という雰囲気にその国のコーヒー文化が合わなかったせいで，閉店したというケースもある。

Check!　第3文 this is because ... は「これは…だからだ」の意味で，前の文が【結果】，because 以下が【原因】。なお，this is why ... は「このようなわけで…」の意味で，前の文が【原因】，why 以下が【結果】となるので，区別すること。

56

4 解答・解説

> **語句**
>
> | | | | | | |
> |---|---|---|---|---|---|
> | however | 副 | しかしながら | case | 名 | 場合 |
> | mean | 動 | 意味する | compete | 動 | 競争する |
> | problem | 名 | 問題, 課題 | area | 名 | 地域, 地方 |
> | as a matter of fact | 熟 | 実は, 実を言うと | match | 動 | 合う, 調和する |
> | close | 動 | 閉じる, 閉店する | offer | 動 | 提供する |

文法事項の整理⑤　不定詞の意味上の主語

第1段落第2文の不定詞の意味上の主語について見てみよう。

In Europe, for example, coffee shops are common places **for** people **to** meet friends and **to** talk while they drink coffee.

「不定詞の意味上の主語」とは, 不定詞が表す**〈行為・状態などの主体〉**のことである。

たとえば, I want to study abroad.「私は留学したい」という英文で, to study abroad の主体は I（私）なので, これが意味上の主語である。この場合,〈**文の S＝意味上の主語**〉という関係が成立する。

また, I want you to study abroad.「私はあなたに留学してほしい」という英文では, to study abroad の主体は you（あなた）なので, これが意味上の主語ということになる。この場合,〈**文の O＝意味上の主語**〉という関係が成立する。

意味上の主語が文の S や O と等しくない場合は, 次のパターンが基本となる。

> **for＋意味上の主語＋to** *do*

例　It is important for you to study mathematics.
　　　　　　　　　　　　　S′　　　V′
「あなたが数学を勉強することは重要だ」

57

例　This question is too difficult for me to answer.
　　　　　　　　　　　　　　　　S′　　V′
　　「この問題は私が答えられないほど難しい」

例　He stepped aside for me to enter.
　　　　　　　　　　　　S′　　V′
　　「彼は私が入るためにどいてくれた」

　〈It is＋人間の性質を表す形容詞＋of＋人＋to do〉「〈人〉は～するとは…
だ」のパターンもおさえておこう。

例　It was careless of you to leave your keys on the train.
　　　　　　　　　　　　S′　　　V′
　　「あなたは電車にカギを忘れてくるとは不注意だった」

4 解答・解説

語句リストの復習

次の和訳と対応する英語を, ヒントを参考にして書き, 空欄を完成させよう。

- 20点 → パーフェクト！語彙力が武器になります！
- 16〜19点 → その調子！着実に身についています。
- 12〜15点 → もう一度取り組むと安心です。
- 11点以下 → 要復習！声に出して読むと覚えやすいでしょう。

20点

①	s ___ to *do*	熟	〜するようだ
②	c ___	名	文化
③	c ___	形	ふつうの, ありふれた
④	p ___	名	過去, 昔／形 過去の
⑤	i ___	副	その代わりに
⑥	t ___ to *do*	熟	〜する傾向がある
⑦	d ___	形	中心部の, 繁華街の
⑧	r ___	動	経営する
⑨	e ___	名	備品, 装備, 機材
⑩	c ___	形	好奇心を持って
⑪	o ___	形	最初の
⑫	h ___	動	雇う
⑬	u ___	形	独特な
⑭	a ___	名	雰囲気
⑮	c ___	動	作り出す, 創造する
⑯	c ___	形	心地よい
⑰	c ___	名	客, 顧客
⑱	as a m ___ of fact	熟	実は, 実を言うと
⑲	c ___	動	競争する
⑳	o ___	動	提供する

答 ① seem ② culture ③ common ④ past ⑤ instead ⑥ tend ⑦ downtown ⑧ run ⑨ equipment ⑩ curious ⑪ original ⑫ hire ⑬ unique ⑭ atmosphere ⑮ create ⑯ comfortable ⑰ customer ⑱ matter ⑲ compete ⑳ offer

59

ディクテーションしてみよう！ 🔊 19-23

今回学習した英文に出てきた単語を，音声を聞いて □□□ に書き取ろう。

Although people everywhere seem to enjoy drinking coffee, they do not all have the same coffee culture. In Europe, for example, coffee shops are ❶ c_____ places for people to meet friends and to talk while they drink coffee. On the other hand, locations like this were not as common in North America in the ❷ p_____. ❸ I_____, people in North America tended to drink coffee in their homes with their friends. The coffee culture in the USA changed when Starbucks coffee shops spread across the country.

The first Starbucks coffee shop opened in 1971 in ❹ d_____ Seattle, Washington, in the USA. It was a small coffee shop that roasted its own coffee beans. The coffee shop's business did well, and by 1981 there were three more Starbucks stores in Seattle.

Things really began to change for the company in 1981. That year, Howard Schultz met the three men who ran Starbucks. Schultz worked in New York for a company that made kitchen equipment. He noticed that Starbucks ordered a large number of special coffee makers, and he was curious. Schultz went to Seattle to see what Starbucks did. In 1982, the original Starbucks owners hired Schultz as the company's head of marketing.

In 1983, Schultz traveled to Italy. The unique atmosphere of the espresso bars there caught his eye. Back in the USA, Schultz ❺ c_____ an atmosphere for Starbucks coffee shops that was ❻ c_____ and casual, and customers everywhere seemed to like it. Starbucks began opening more locations across the USA. Then the company opened coffee shops in other countries as well. Today, there are more than 16,000 Starbucks coffee shops worldwide.

However, that does not mean Starbucks has not had problems. As a ❼ m_____ of fact, many Starbucks locations have closed over the

60

4　解答・解説

past few years. In some cases, this is because there were too many coffee shops ❽ c[   ] for business in one small area. In other cases, locations in some countries closed because the coffee culture there did not match with the "feel the same everywhere" atmosphere ❾ o[   ] by Starbucks.

答 ❶ common　❷ past　❸ Instead　❹ downtown　❺ created　❻ comfortable　❼ matter　❽ competing ❾ offered

61

5 解答・解説

問題は別冊 p.18

解 答

問1	find it hard to control how much time they spend online				
問2	全訳参照	問3	②		
問4	(1) ②	(2) ③	(3) ①	(4) ②	(5) ①

解 説

問1

ポイントは形式目的語（▶ 69 ページ「文法事項の整理⑥」参照）。

〈find ＋ O ＋ C〉で「O が C だとわかる，思う」の意味。この O の部分に形式目的語の it が入り，真目的語の to 不定詞が後ろに置かれると，find it ... to *do*「～するのが…だとわかる，思う」という形になる。以上により，find it hard to control「制御するのが難しいとわかる」というつながりができる。

次に，control の目的語にあたる部分だが，疑問詞 how から始まる節を置くと考える。疑問詞から始まる節の中は平叙文の語順（間接疑問文）なので，how much time they spend online「どのくらいの時間をオンラインで過ごすか」となる。

問2

Experts agree that people who use the Internet so much that it causes problems with their daily activities are spending too much time online.

Experts が S，agree が V，that 以下が O。that 節の中では，people が S，are spending が V，too much time が O となっている。people の後に関係代名詞 who の節が続いていることもポイント。〈so ～ that ...〉の訳し方にも注意（▶ 71 ページ「文法事項の整理⑦」参照）。

問3

much the same ～で「ほぼ同じ～」の意味（＝almost the same ～）。in much the same way で「ほぼ同じように」という意味になる。

62

5 解答・解説

問4

(1) 「本文において，ほとんどの人々のインターネット利用について言及されていないものは以下のうちどれか」

① 「彼らは買い物のためにそれを利用している」

② 「彼らは趣味に関する活動のためにそれを利用している」

③ 「彼らはメールを送るためにそれを利用している」

④ 「彼らはソーシャルネットワーキングのためにそれを利用している」

▶①③④は第1段落第3文で言及されている。

(2) 「筆者はインターネット中毒について何と述べているか」

① 「ギャンブル中毒の人々はインターネット中毒でもある」

② 「仕事関係の活動により多くの時間を費やすのはインターネット中毒の兆候である」

③ 「社交的活動をやめてしまうのはインターネット中毒の兆候である」

④ 「インターネット中毒の人々はアルコール中毒でもある」

▶第2段落最終文にインターネット中毒の兆候として giving up social, work-related, or hobby-related activities とあり，この部分と③が一致する。

(3) 「本文によれば，インターネットを使いすぎる人々について当てはまらないものは以下のうちどれか」

① 「とてもよく眠る」

② 「うつ病の兆候を示す可能性がより高い」

③ 「数分おきにメールをチェックする」

④ 「家庭生活や仕事生活に問題をかかえている」

▶②は第3段落最終文，③は第4段落第2文，④は第3段落第1文で言及されている。①は第3段落第1文の experiencing problems sleeping と矛盾する。

(4) 「インターネット中毒の問題を克服する第一歩としてどんなことが述べられているか」

① 「周囲の人々から文句を言われること」

63

② 「オンラインで費やされる時間があまりに長いのは問題であると認識すること」

③ 「メールをチェックするより良い方法を生み出すこと」

④ 「数分おきに次回のオンラインの時間について考えること」

▶②が第5段落第3文と一致。本文の understanding が recognize に言い換えられている。

(5) 「以下のうち本文のタイトルとすべきものはどれか」

① 「**インターネット中毒の兆候と解決策**」

② 「インターネット中毒の歴史」

③ 「インターネットの長所と短所」

④ 「インターネット中毒の若者」

▶第1～4段落はインターネット中毒の概要とその兆候について，5～6段落はインターネット中毒への対処法について書かれている。両者をカバーするものとして①が適切。

▼

それでは次に，段落ごとに詳しくみていこう。　🔊 24

第1段落　文の構造と語句のチェック

¹The Internet has become an important part 〔 of our modern lives 〕. ²(In fact),

it is impossible (for many people)〈 to imagine a day 〔 without some contact with

the Internet 〕〉. ³Most people use it (to shop), (send e-mail), and (for social

networking). ⁴ However, some people find it hard 〈 to control 〈 how much time

they spend online 〉〉.

5 解答・解説

訳 ¹インターネットは私たちの現代生活の重要な部分になった。²実際,インターネットに何らかの接触をしない1日を想像することは多くの人々にとって不可能である。³大半の人は買い物をしたり,Eメールを送ったり,ソーシャルネットワーキング(インターネットを通じた交流)のためにインターネットを利用する。⁴しかし,オンラインで過ごす時間の長さを制御するのが難しいと感じる人もいる。

語句

modern	形	現代の
imagine	動	想像する
contact	名	接触,ふれること
shop	動	買い物をする
e-mail	名	Eメール,電子メール

social	形	社交のための,社交上の
networking	名	人との交流,人脈作り
control	動	管理する,制御する
online	副	オンラインで,インターネットに接続して

第2段落 文の構造と語句のチェック

¹So, how much Internet is too much Internet? ²Experts agree ⟨ that people 〔 who use the Internet so much that it causes problems 〔 with their daily activities 〕〕 are spending too much time online ⟩. ³They say ⟨ that some people may actually be addicted (to the Internet) (in much the same way as some people are addicted (to gambling or alcohol))⟩. ⁴Signs 〔 of Internet addiction 〕 include ⟨ spending more and more time online ⟩, ⟨ reducing or giving up social, work-related, or hobby-related activities (in favor of spending time online)⟩, and ⟨ giving up sleep (to spend time on the Internet)⟩.

訳 ¹では,どれほどインターネットをすると度がすぎるのだろうか。²専門家は,日常の活動に問題を起こすほどインターネットを多く利用する人々はオンラインで過ごしている時間が長すぎるのだ,という点で意見が一致する。³彼らが言うには,ギャンブル中毒やアルコール中毒になる人が

65

いるのとほぼ同じように，実際にインターネット中毒になる可能性がある人もいる。[4]インターネット中毒の兆候には，オンラインで過ごす時間がどんどん増えること，オンラインで時間を過ごすことを優先して社交上，仕事関係あるいは趣味関係の活動を減らしたりやめてしまったりすること，そしてインターネットで時間を過ごすために眠らなくなってしまうことが含まれる。

語句

expert	名 専門家	alcohol	名 アルコール
agree	動 意見が一致する，賛成する	sign	名 兆候
		addiction	名 中毒，依存症
cause	動 引き起こす	include	動 含む
daily	形 毎日の，日常の	reduce	動 減らす
activity	名 活動	give up	熟 やめる
actually	副 実際に	-related	形 ～関連の
much the same ～	熟 ほぼ同じ～	hobby	名 趣味
gambling	名 ギャンブル，賭け事	in favor of ～	熟 ～の方を好んで，～を選択して

第3段落　文の構造と語句のチェック

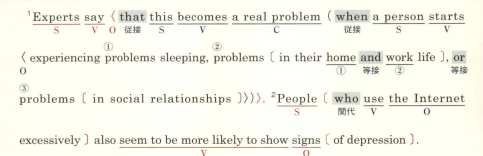

訳　[1]専門家が言うには，人が睡眠の問題，家庭生活と仕事生活の問題，あるいは社会的関係の問題を経験し始めると，このことが現実的な問題になる。[2]過剰にインターネットを利用する人はまた，うつ病の兆候を示す可能性も高いようである。

語句

experience	動 経験する	excessively	副 過度に
relationship	名 関係	be likely to *do*	熟 ～しそうだ，～する可能性が高い

5 解答・解説

第4段落　文の構造と語句のチェック

[1]How do you know ⟨ if you are spending too much time online ⟩? [2]Some common
　疑　(V) S　　　V O従接 S　　　　V　　　　　O　　　　　　　　　　S

warning signs include ⟨ checking your e-mail (every few minutes)⟩,⟨ always
　　　　　　　　V　　　O①　　　　　　　　　　　　　　　　　　O②

thinking about your next online session ⟩, and ⟨ getting complaints (from the
　　　　　　　　　　　　　　　　　　　　　等接 O③

people [around you])[about ⟨ how much time you spend online ⟩].⟩
　　　　　　　　　　　　　　　疑　　　O　　S　　V

> **訳** [1]自分がオンラインで過ごす時間が長すぎるかどうかはどうしたらわかるのか。[2]一般的
> な前兆には，数分おきにメールをチェックすること，次回のオンラインの時間について常に
> 考えていること，そしてオンラインで過ごす時間が長いことについて周囲の人から文句を
> 言われることが含まれる。

語句

- **common** 形 一般的な
- **warning** 名 警告，前兆
  - ▶ warning sign 警告標識，（病気などの）前兆
- **session** 名 （ある活動を行う）時間
- **complaint** 名 文句，苦情

第5段落　文の構造と語句のチェック

[1]⟨ Showing any of these signs ⟩ may mean ⟨ that you are (on your way [to
　　S　　　　　　　　　　　　　　V　　　O 従接 S　V

becoming addicted to the Internet])⟩. [2]However, experts agree ⟨ that there is
　　　　　　　　　　　　　　　　　　　　　　　　S　　　V　O 従接　　　V

hope ⟩. [3]They say ⟨ that ⟨ simply understanding ⟨ that ⟨ spending too much time
　V　　　S　V O 従接 S　　　　　　　　　　　従接 S

online ⟩ is a problem ⟩⟩ may be the first step [to solving the problem]⟩. [4]They
　　　V　C　　　　　　V　　　C　　　　　　　　　　　　　　　　　S

believe ⟨ that , (in most cases) ,⟨ doing something [as simple as creating a
　V　　O 従接　　　　　　　　　　　　S

better system [for managing your time online]]⟩ can solve the problem ⟩.
　　　　　　　　　　　　　　　　　　　　　　　V　　　O

67

訳 ¹こういった兆候のいずれかを示すことは，インターネット中毒になりつつあることを意味するかもしれない。²しかし，希望はあるという点で専門家は意見が一致している。³彼らは，オンラインで過ごす時間が長すぎることは問題だと理解するだけでも問題解決の第一歩になるかもしれない，と言う。⁴ほとんどの場合，オンラインの時間を管理するより良い方法を生み出す程度の簡単なことをすることが問題を解決し得る，と彼らは考える。

語句

on *one's* way	熟 途中で	create	動 生み出す, 創り出す
simply	副 単に, ただ	system	名 方法, 方式
		manage	動 管理する

第6段落　文の構造と語句のチェック

¹The Internet is a wonderful tool〔for communicating and finding information〕.
　　　　　　S　　V　　C　　　　　①　　　　　　　等接　　②

²However,（as with most things in life）, you have to learn to use it carefully,
　　　　　　　　　　　　　　　　　　　　　　　S　　　　V　　　　　　O

　　　　　　　　　　　　　従接 that 省略
and make sure〈you keep a healthy balance〔between being online and the
等接　V　　O　　　S　　V　　　　O

other important things in your life〕〉.

訳 ¹インターネットはコミュニケーションを取ったり情報を見つけたりするためのすばらしい手段である。²しかし，生活の大半の物事と同様に，それを慎重に使えるようになる必要があるし，確実にオンラインにつながっていることと生活の他の重要な物事との健全なバランスを保つようにしなければならない。

語句

wonderful	形 すばらしい	as with ～	熟 ～(の場合)と同様に
tool	名 道具, 手段	carefully	副 注意深く, 慎重に
communicate	動 コミュニケーションを取る	make sure (that) ...	熟 確実に…する

68

5 解答・解説

文法事項の整理⑥ 形式主語・形式目的語

第1段落第2文の it 〜 to ...について見てみよう。

In fact, **it** is impossible for many people **to** imagine a day without some contact with the Internet.

① 形式主語と真主語

It is important to study English. 「英語を勉強することは重要だ」のような文で, It は主語の場所にあるが, 実際の主語としての内容は to 以下にある。このような It のことを形式主語 [仮主語] といい, to 以下を真主語という。

It は「それ」と訳すのではなく, to 以下の内容を It に代入して訳す。

形式主語のパターンは, 不定詞のほか, 動名詞, that 節, whether 節, 疑問詞節でも使うことができる。

> **例** It is no use asking him.　　　　　　「彼に聞いてもむだだ」
> 　　仮S　　　　　真S

> **例** It is certain that he will win.　　　　「彼が勝つことは確実だ」
> 　　仮S　　　　　真S

> **例** It is doubtful whether he will win or not.
> 　　仮S　　　　　真S
> 　　　　　　　　　　　　　　　　「彼が勝つのかどうか疑わしい」

> **例** It is a mystery why he won.　　　　「なぜ彼が勝ったのかは謎だ」
> 　　仮S　　　　真S

▶ 第1段落第2文

In fact, it is impossible for many people to imagine a day without some contact with the Internet.

▶ it が形式主語, to 以下が真主語。to 不定詞の前に " for 〜" を置くと不定詞の意味上の主語を表す。

69

② 形式目的語と真目的語

I think it important to study English. 「英語を勉強することは重要だと思う」のような文で, it は第5文型（ S＋V＋O＋C ）の O（目的語）の部分にあるが, 実際の O としての内容は to 以下にある。このような it のことを形式目的語 [仮目的語] といい, to 以下を真目的語という。

形式主語 [仮主語] の場合と同様, it は「それ」と訳すのではなく, to 以下の内容を it に代入して訳す。

形式目的語のパターンは, 上記のような不定詞のほか, 動名詞, that 節, whether 節, 疑問詞節でも使うことができる。

例 I believe [it] necessary to obey the law.
　　　　　仮O　　　　　　　　　　　真O
　　　　　　　　　　　　　　　　　　　「法律を守ることは必要だと思う」

例 He made [it] clear that he was opposed to the idea.
　　　　　　　仮O　　　　　真O
　　　　　　　　　　　「彼はその考えに反対であることを明らかにした」

例 He thinks [it] important how long it will take to finish the work.
　　　　　　　仮O　　　　　　　　　　　　　真O
「彼はその仕事を終えるのにどのくらい時間がかかるかが重要だと考えている」

▶ 第1段落第4文

However, some people find [it] hard to control how much time they spend online.

▶ some people が S, find が V, it が形式目的語, hard が C, to 以下が真目的語。

文法事項の整理⑦　＜so 〜 that ...＞

第2段落第2文の so 〜 that ...についてみてみよう

Experts agree that people who use the Internet **so** much **that** it causes problems with their daily activities are spending too much time online.

---

① **so 〜 that S V**（「〜」は形容詞・副詞）

「とても〜なので S は V する」【結果】,「S が V するほど〜」【程度】の意味を表す。

> **例**　He studied so hard that he passed the examination.
> 　　「彼はとても一生懸命に勉強したので試験に合格した」　　→**【結果】**
> 　　「彼は試験に合格するほど一生懸命に勉強した」　　　　→**【程度】**

※否定文では【程度】の意味になる。

> **例**　He was <u>not</u> so lazy that he failed the examination.
> 　　「彼は試験に落第するほど怠け者ではなかった」　　　　→**【程度】**

② **so that S V（1）**

「S が V するために, S が V できるように」【目的】の意味を表す。この場合, V は〈can［may / will］＋動詞の原形〉となるのが一般的。

> **例**　He studied hard so that he could pass the examination.
> 　　「彼は試験に合格するために一生懸命に勉強した」

③ **so that S V（2）**

「だから S は V した, その結果 S は V した」【結果】の意味を表すこともある。この場合, **so の前に「 , 」(コンマ) がつく**ことが多い。

> **例**　He studied hard, so that he passed the examination.
> 　　「彼は一生懸命に勉強したので, 試験に合格した」

▶ **第2段落第2文**

　Experts agree that people who use the Internet <u>so</u> much <u>that</u> it causes problems with their daily activities are spending too much time online.

▶so ～ that ... が【結果】または【程度】の意味を表す。

＊【結果】の場合の和訳
専門家は，インターネットを<u>とても</u>多く利用する<u>ため</u>日常の活動に問題を起こす人々はオンラインで過ごしている時間が長すぎるのだ，という点で意見が一致する。

＊【程度】の場合の和訳
専門家は，日常の活動に問題を起こす<u>ほど</u>インターネットを多く利用する人々はオンラインで過ごしている時間が長すぎるのだ，という点で意見が一致する。

5 解答・解説

語句リストの復習

次の和訳と対応する英語を，ヒントを参考にして書き，空欄を完成させよう。

● 20点 → パーフェクト！ 語彙力が武器になります！　● 16〜19点 → その調子！ 着実に身についています。
● 12〜15点 → もう一度取り組むと安心です。　● 11点以下 → 要復習！ 声に出して読むと覚えやすいでしょう。

/20点

①	m	形	現代の
②	i	動	想像する
③	c	名	接触，ふれること
④	d	形	毎日の，日常の
⑤	a	名	アルコール
⑥	r	動	減らす
⑦	e	動	経験する
⑧	r	名	関係
⑨	e	副	過度に
⑩ be	l	to *do* 熟	〜しそうだ，〜する可能性が高い
⑪	w	名	警告，前兆
⑫	s	名	（ある活動を行う）時間
⑬	c	名	文句，苦情
⑭	o	*one's* way 熟	途中で
⑮	s	副	単に，ただ
⑯	s	名	方法，方式
⑰	m	動	管理する
⑱	c	動	コミュニケーションを取る
⑲	a	with 〜 熟	〜（の場合）と同様に
⑳ make	s	(that) ... 熟	確実に…する

答 ① modern　② imagine　③ contact　④ daily　⑤ alcohol　⑥ reduce　⑦ experience　⑧ relationship
⑨ excessively　⑩ likely　⑪ warning　⑫ session　⑬ complaint　⑭ on　⑮ simply　⑯ system
⑰ manage　⑱ communicate　⑲ as　⑳ sure

73

ディクテーションしてみよう！ 🔊 25-30

今回学習した英文に出てきた単語を，音声を聞いて ☐☐☐ に書き取ろう。

The Internet has become an important part of our **❶** m☐☐☐☐☐ lives. In fact, it is impossible for many people to imagine a day without some contact with the Internet. Most people use it to shop, send e-mail, and for social networking. However, some people find it hard to control how much time they spend online.

So, how much Internet is too much Internet? Experts agree that people who use the Internet so much that it causes problems with their **❷** d☐☐☐☐☐ activities are spending too much time online. They say that some people may actually be addicted to the Internet in much the same way as some people are addicted to gambling or **❸** a☐☐☐☐☐☐. Signs of Internet addiction include spending more and more time online, **❹** r☐☐☐☐☐☐☐ or giving up social, work-related, or hobby-related activities in favor of spending time online, and giving up sleep to spend time on the Internet.

Experts say that this becomes a real problem when a person starts **❺** e☐☐☐☐☐☐☐☐☐☐ problems sleeping, problems in their home and work life, or problems in social relationships. People who use the Internet **❻** e☐☐☐☐☐☐☐☐ also seem to be more likely to show signs of depression.

How do you know if you are spending too much time online? Some common warning signs include checking your e-mail every few minutes, always thinking about your next online session, and getting **❼** c☐☐☐☐☐☐☐☐☐☐☐ from the people around you about how much time you spend online.

Showing any of these signs may mean that you are **❽** o☐☐ your way to becoming addicted to the Internet. However, experts agree that there is hope. They say that simply understanding that spending too much time online is a problem may be the first step to solving the problem. They believe that, in most cases, doing something as simple as creating a better system for

74

⑨ m ⬚⬚⬚⬚⬚⬚ your time online can solve the problem.

The Internet is a wonderful tool for communicating and finding information. However, as with most things in life, you have to learn to use it carefully, and make **⑩** s ⬚⬚⬚ you keep a healthy balance between being online and the other important things in your life.

答 ❶ modern ❷ daily ❸ alcohol ❹ reducing ❺ experiencing ❻ excessively ❼ complaints
❽ on ❾ managing ❿ sure

75

6 解答・解説

問題は別冊 p.22

解答

問1	(ア)(A)	(イ)(D)	(ウ)(B)	(エ)(C)	(オ)(D)	(カ)(A)
	(キ)(D)	(ク)(C)	(ケ)(D)			
問2	(1)(B)	(2)(C)	(3)(D)	(4)(A)	(5)(C)	(6)(B)

解説

問1

下線部 **(ア)**～**(ケ)** の意味は以下の通り。

(ア)「持続可能な」　　**(イ)**「より激しい, さらに強烈な」

(ウ)「十分な」　　**(エ)**「生産する」

(オ)「生計を立てる」　　**(カ)**「取り除く, 排除する」

(キ)「分配される」　　**(ク)**「達成する, 成し遂げる」

(ケ)「利用する」

各問の選択肢の意味は以下の通り。

(ア) (A)**「永続的な」**　(B)「危険な」　(C)「一時的な」　(D)「自然の」

(イ) (A)「よりよい」　(B)「より軽い」　(C)「より静かな」　(D)**「より悪い」**

(ウ) (A)「流ちょうな」　(B)**「十分な」**　(C)「裕福な」　(D)「効率がよい」

(エ) (A)「含む」　　(B)「配置する」　(C)**「栽培する」**　(D)「水浸しにする」

(オ) (A)「住まいを手に入れる」　(B)「食べ物が不足する」　(C)「面目を保つ」

　　(D)**「金を稼ぐ」**

(カ) (A)**「やめる」**　(B)「始める」　(C)「増やす」　(D)「上がる」

(キ) (A)「延期された」(B)「やめた」　(C)「持ち出された」(D)**「配られた」**

(ク) (A)「失う」　(B)「破滅させる」(C)**「得る」**　　(D)「集める」

(ケ) (A)「発明する」　(B)「働く」　(C)「修正する」　(D)**「使う」**

問2

(1)「**第1・2パラグラフによれば, _____**」

　(A)「国連は真水(まみず)の市場に重点を置いてきた」▶第1段落第1文と不一致。

　(B)「**およそ7人に1人が飢えの脅威にさらされている**」▶第2段落第1

文と一致。

(C)「世界の人口増加は水資源の管理とは関係がない」▶第2段落第1・2
文と不一致。

(D)「多くの発展途上国では, ごく少量の水だけが農業のために使われて
いる」▶第2段落第4文と不一致。

(2)「**第2・3パラグラフによれば, ＿＿＿＿**」

(A)「私たちはいつ食物の栽培を増やすべきか, 予測する能力を高めるべ
きだ」▶このような記述はない。

(B)「世界の人口は2050年に900万人に達することが予想されている」
▶第3段落第1文と不一致（本文はbillion, 選択肢はmillion）。

(C)「**1人の人が1週間に飲む水はおよそ14～28リットルだ**」▶第3段落
第2文と一致（本文は1日あたりの量なので, これに7をかけて計算
する）。

(D)「1キロの牛肉を生産するために1,500リットルの水が必要とされ
る」▶第3段落第3文と不一致。小麦に1,500リットル, 牛肉はその
10倍と書かれている。

(3)「**第4パラグラフによれば, ＿＿＿＿**」

(A)「都心の地域に住んでいる人々は多くの水を必要としない」▶第4段
落第1文と不一致。

(B)「農家は常に生計を立てるために漁師と競争する」▶このような記述
はない。また, 第4段落第2・3文から, 農家の競争相手が漁師なので
はなく, 都市対田舎（農家や漁師）という対立構造が読み取れる。

(C)「経済成長により農業のために利用可能な水が増えた」▶第4段落第
1文と不一致。

(D)「**水をめぐる競争のせいで, 農業で生活できなくなるであろう人々も
いる**」▶第4段落第2・3文と一致。

(4)「**第5・6パラグラフによれば, ＿＿＿＿**」

(A)「**食の安全は水の入手しやすさに影響されやすい**」▶第5段落第1文
と一致。

(B)「水質汚染を減らせば, 効率的な水の供給システムは必要なくなるだ

ろう」▶第5段落第2・3文によれば，いずれも必要である。

(C) 「養殖場は水の清浄にプラスの影響を与える」▶そのような記述はない。第6段落第1文は，水の清潔さが養殖場にとって必要という内容である。

(D) 「発展途上国の人々はより多くのたんぱく質を摂取する必要がある」▶そのような記述はない。第6段落第2文参照。

(5) 「**第7・8パラグラフによれば，_____**」

(A) 「地域社会と政府は水の問題にそれぞれ独自に取り組むべきだ」▶第8段落第3文と不一致。

(B) 「財政的支援は食の安全には必要でない」▶第7段落の内容と不一致。

(C) 「**水の供給は，良好な資源の管理と効率的な技術により維持され得る**」▶第8段落第1・2文と一致。

(D) 「地域の問題を解決しようとするとき，人々は全世界的な観点を持つ必要はない」▶第8段落第4文と不一致。

(6) 「**本文に最もふさわしいタイトルは_____である**」

(A) 「人口爆発」▶本文の前半，第2・第3・第4段落に言及があるが，後半にはない。

(B) 「**水と食の安全**」▶本文全体において言及されている。

(C) 「公衆衛生の分析」▶第7段落にしか記述がない。

(D) 「アフリカの水不足」▶アフリカに限定する記述はない。

▼

それでは次に，段落ごとに詳しくみていこう。 🔊 31

第1段落 文の構造と語句のチェック

¹The United Nations has named March 22nd World Water Day (to focus
S　　　　　　　　V　　　　　　O　　　　　　　　C　　　　　　　①

attention on the importance [of fresh, clean water]) and (to promote the
　　　　　　　　　　　　　　　　　　　　　　　　　　　　等接 ②

sustainable management [of fresh water resources]).

78

6 解答・解説

> **訳** ¹国連は，清潔な真水の重要性に注目を集めさせ，淡水資源の持続的管理を推進するために，3月22日を『世界水の日』に制定した。

語句

the United Nations	名	国際連合
name *A B*	熟	A を B と名づける，命名する
focus *A* on *B*	熟	A を B に集中させる
attention	名	注意，注目
importance	名	重要性

fresh	形	淡水の，真水の
clean	形	清潔な
promote	動	促進する，推進する
sustainable	形	持続可能な，環境に優しい
management	名	管理
resource	名	資源

第2段落 文の構造と語句のチェック

¹Almost one billion people — [one seventh of the world's population] — suffer (from constant hunger, a crisis [that could become more intense (as the global population grows)]). ²Our ability [to increase food production] will require sufficient water and ways [to predict ⟨ how much water will be available for people to grow food ⟩]. ³More than 70 percent of the water [used in the world] goes (towards agriculture). ⁴(In many developing countries), the amount [used for agriculture] is more than 90 percent.

> **訳** ¹世界人口の7分の1にあたる，10億人近くの人々がたえず飢えに苦しんでおり，これは全世界の人口が増大するにつれて，さらに激しさを増す可能性のある危機である。²私たちが食料生産を増やせるようになるためには，十分な水と，人々が食物を栽培するのに利用可能な水の量を予測する方法が必要となるであろう。³世界で使用されている水の70%以上は農業に使われている。⁴多くの発展途上国では，農業に使われる量が90%を超える。

79

語句

almost	副	ほぼ, ほとんど
billion	名	十億
population	名	人口
suffer from ～	熟	～に苦しむ
constant	形	絶え間ない
hunger	名	飢え
crisis	名	危機
intense	形	激しい, 強烈な
global	形	全世界の
grow	動	増大する
ability	名	能力
increase	動	増やす
production	名	生産
require	動	必要とする
sufficient	形	十分な
predict	動	予測する
available	形	入手可能な, 利用可能な
grow	動	栽培する
more than ～	熟	～以上, ～より多くの
percent	名	パーセント
go towards ～	熟	～に使われる
agriculture	名	農業
developing country	名	発展途上国
amount	名	量

第3段落　文の構造と語句のチェック

¹Seven billion people live (on this planet), (with another 2 billion predicted (by 2050)). ²Each one of us drinks two to four liters of water daily, but we consume much more (as part of the food [we eat]). ³It takes around 1,500 liters of water ⟨ to produce a kilo of wheat ⟩ and ten times that amount (for a kilo of beef).

> 【訳】 ¹地球上には70億人の人々が暮らしており, 2050年までにさらに20億人が増えると予測されている。²私たちの各自が毎日2～4リットルの水を飲むが, 私たちが食べる食べ物の一部として消費する量がずっと多い。³1キログラムの小麦を生産するのに, 1,500リットルくらいの水を要し, 1キログラムの牛肉にはその10倍の量を要する。

Check! 第1文の with は 【付帯状況】 を表す用法。⟨with＋A＋B⟩（A＝名詞, B＝分詞 [形容詞／副詞／前置詞＋名詞]）で「A が B の状態で」の意味。ここでは, A＝another 2 billion, B＝predicted となっている。

6 解答・解説

語 句

planet	名	惑星
another	形	さらに～の
each	形	それぞれの
liter	名	リットル
daily	副	毎日, 日ごとに
consume	動	消費する

part	名	部分
take	動	要する
around	副	だいたい, およそ
produce	動	生産する
kilo	名	キログラム
wheat	名	小麦
beef	名	牛肉

第4段落　文の構造と語句のチェック

¹(As urban populations and economies increase), so do water demands 〔 for
　　従接　　　　　　S　　　等接　　　　　V　　　　　　V　　　　S

cities and industry 〕, (leaving less for agriculture).　²Competition 〔 between
　　　等接　　　　　　　　　　　　　　　　　　　　　　　　　　S

　　　　　　　　　　　　　　　　　　　　　 ┌─従接that省略
cities and the countryside 〕 is increasing.　³That means 〈 there will be less water
　　　and　　　　　　　　　　　　V　　　　　　S　　　V　　O　　　　V　　　S

(for small farmers and fishermen 〔 who cannot make a living (without it)〕〕〉.
　　　　　　　　　等接　　　　　　　　　関代　　V　　　　O

> **訳** ¹都会の人口や経済が増大するにつれて, 都市や工業のための水の需要も増大し, 農業の
> ために残される量は少なくなる。²都市と田舎の間での競争が高まっている。³それは, 水が
> なくては生計を立てられない小規模農家や漁師のための水が少なくなるであろうことを意
> 味する。

Check! 第1文 so do water demands for cities and industry の部分は, 〈**so＋V＋S**〉
「**S も V する**」のパターン。

Check! 第1文 …, leaving less for agriculture の部分は, 【**結果】を表す分詞構文**。前
から訳し,「**…, そして (その結果) ～する**」の意味。

語 句

urban	形	都会の, 都市の
economy	名	経済
demand	名	需要
industry	名	産業, 工業
leave	動	残す

competition	名	競争
countryside	名	田舎
mean	動	意味する
farmer	名	農家, 農場経営者
fisherman	名	漁師
make a living	熟	生計を立てる

81

第5段落　文の構造と語句のチェック

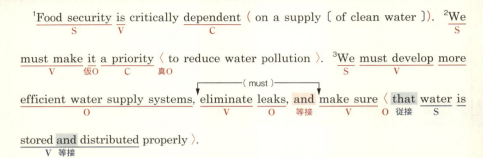

> 訳　¹食の安全は清潔な水の供給に決定的に左右される。²私たちは水質汚染を減らすことを優先事項としなければならない。³私たちは，より効率的な水の供給システムを開発し，水漏れをなくし，必ず水が適切に貯蔵，分配されるようにしなければならない。

Check! 第2文 We must make it a priority to reduce water pollution. は**形式目的語の構文**。〈make＋O＋C〉で「OをCにする」の意味。このOの部分に形式目的語のitを置き，後ろに真の目的語となるto doを置く。**〈make it＋C＋to *do*〉**で**「〜することをCにする」**となる。同様のパターンをとる動詞に，find / think / believe / feelなどがある。

語句

security	名	安全
critically	副	決定的に
be dependent on 〜	熟	〜次第である，〜によって決まる
supply	名	供給（量）
priority	名	優先事項
reduce	動	減らす
pollution	名	汚染
develop	動	開発する
efficient	形	効率のよい
eliminate	動	排除する
leak	名	水漏れ
make sure that ...	熟	必ず…ようにする
store	動	蓄える
distribute	動	分配する
properly	副	適切に

6 解答・解説

第6段落　文の構造と語句のチェック

[1]We also need to protect the purity 〔 of water resources and wetlands 〔 that
S　　　　V　　　　　　O　　　　　　　　　　①　　　　　等接　　②　　　関代

support fisheries 〕〕. [2]They provide a significant source of protein (to 2.5 billion
V　　　O　　　　　S　　　V　　　a significant source of protein (to 2.5 billion
　　　　　　　　　　　　　　　　　　　　　　　O

people 〔 in developing countries〕).

> **訳** [1]私たちはまた, 養殖場を支えている水資源と沼沢地の清潔さを守る必要がある。[2]養殖場
> は発展途上国の 25億人の人々にたんぱく質の重要な供給源を提供している。

語句

need to *do*	熟 ～する必要がある	fishery	名 漁場, 養殖場
protect	動 保護する	**provide**	動 提供する, 支給する
purity	名 清浄, 清潔	**significant**	形 重要な
wetland	名 湿地, 沼沢地	**source**	名 源, 供給源
support	動 支える	**protein**	名 たんぱく質

第7段落　文の構造と語句のチェック

[1]Water and sanitation should be priorities (in national development plans and
S　　　　　　　V　　　C　　　　　　　　　　　　　　　　　　等接

strategies). [2]Money should also be provided (to meet these goals).
　　　　　　　S　　　　　　　V

[3]Communities and governments should work (towards meeting the basic needs
S　　　　等接　　　　　　　V

〔 of their people 〕)(to achieve food security).

> **訳** [1]水と公衆衛生は国家の開発計画・戦略において優先事項であるべきだ。[2]これらの目標
> を達成するために金銭も支給されるべきである。[3]地域社会および政府は食の安全を達成す
> るために, 国民の基本的な必要を満たすことを目指して努力すべきである。

83

語 句

sanitation	名	（公衆）衛生
national	形	国家の
development	名	開発
strategy	名	戦略
meet	動	達成する，満たす
goal	名	目標

community	名	地域社会
government	名	政府
work towards 〜	熟	〜に向けて努力する
basic	形	基本的な
need(s)	名	必要
achieve	動	達成する

第8段落　文の構造と語句のチェック

¹We need to increase water supplies (through better resource management).
　S　　　V　　　　　　　O

²We also need to reduce the demand for water (by employing more efficient
　S　　　　V　　　　　　　O　　　　　　　　　　　　V'　　　　O'

irrigation technology). ³Individuals, communities and governments must all work
　　　　　　　　　　　　　　　　　　　　①　　　　　　②　　等接　③ S　　　　　　 V

together. ⁴Water scarcity is a global challenge, but the solutions are often local.
　　　　　　　S　　　　 V　　　　 C　　　　等接　　 S　　　　 V　　　 C

> **訳** ¹私たちはよりよい資源管理を通じて水の供給量を増やす必要がある。²私たちはまた，より効率のよい灌漑（かんがい）技術を利用することにより水の需要を減らす必要もある。³個人，地域社会および政府が皆，協力しなければならない。⁴水不足は全世界的な課題であるが，その解決策は局地的なものであることが多い。

語 句

employ	動	利用する
irrigation	名	灌漑
technology	名	技術
work together	熟	協力する

scarcity	名	不足
challenge	名	課題，難題
solution	名	解決（策）
local	形	局地的な

84

6 解答・解説

文法事項の整理⑧　接続詞 as の識別

第2段落第1文の接続詞 as について見てみよう。

Almost one billion people — one seventh of the world's population — suffer from constant hunger, a crisis that could become more intense **as** the global population grows.

as には, 従属接続詞, 関係代名詞, 前置詞などの用法がある。従属接続詞の as は以下のような意味を表す。

① **【時】「〜するときに, 〜しながら」**

例 As I was walking down the street, I met an old friend of mine.
「通りを歩いているときに, 旧友に出会った」

② **【理由】「〜なので」**

例 As it was raining heavily, the game was postponed.
「雨が激しかったので, 試合は延期された」

③ **【様態】「〜ように, 〜とおりに」**

例 You must do as you are told.
「君は言われたとおりにやらなければならない」

④ **【比例】「〜するにつれて」**

例 As we grow older, we become weaker.
「私たちは年をとるにつれて弱くなる」

⑤ **【譲歩】〈形容詞or副詞＋as＋S＋V〉「〜であるが」**

例 Young as he is, he is an able man.
「彼は若いのだが, 有能な人だ」
(＝Though he is young, he is an able man.)

⑥ **【限定】〈名詞＋as＋S＋V〉「〜ような」**

例 English as we know it today has been influenced by French.
「今日私たちが知っているような英語は, フランス語の影響を受けてきた」

▶第2段落第1文の接続詞 as は【比例】を表す。**比較級**や**変化を表す動詞**とともに使われると, 【比例】の意味になることが多い。

85

語句リストの復習

次の和訳と対応する英語を，ヒントを参考にして書き，空欄を完成させよう。

- 20 点 → パーフェクト！語彙力が武器になります！
- 16～19 点 → その調子！着実に身についています。
- 12～15点 → もう一度取り組むと安心です。
- 11点以下 → 要復習！声に出して読むと覚えやすいでしょう。

20点

①	p	動	促進する，推進する
②	r	名	資源
③	p	名	人口
④	c	名	危機
⑤	p	動	予測する
⑥	a	形	入手可能な，利用可能な
⑦	a	名	農業
⑧	c	動	消費する
⑨	w	名	小麦
⑩	u	形	都会の，都市の
⑪	i	名	産業，工業
⑫	p	名	汚染
⑬	e	形	効率のよい
⑭	p	動	保護する
⑮	s	形	重要な
⑯	d	名	開発
⑰	c	名	地域社会
⑱	a	動	達成する
⑲	t	名	技術
⑳	s	名	解決（策）

答 ① promote ② resource ③ population ④ crisis ⑤ predict ⑥ available ⑦ agriculture ⑧ consume ⑨ wheat ⑩ urban ⑪ industry ⑫ pollution ⑬ efficient ⑭ protect ⑮ significant ⑯ development ⑰ community ⑱ achieve ⑲ technology ⑳ solution

86

ディクテーションしてみよう！ 🔊 32-39

今回学習した英文に出てきた単語を，音声を聞いて ▯▯▯ に書き取ろう。

The United Nations has named March 22nd World Water Day to focus attention on the importance of fresh, clean water and to ❶ p▯▯▯▯▯▯ the sustainable management of fresh water resources.

Almost one billion people —— one seventh of the world's population —— suffer from constant hunger, a ❷ c▯▯▯▯▯▯ that could become more intense as the global population grows. Our ability to increase food production will require sufficient water and ways to predict how much water will be ❸ a▯▯▯▯▯▯▯▯ for people to grow food. More than 70 percent of the water used in the world goes towards agriculture. In many developing countries, the amount used for agriculture is more than 90 percent.

Seven billion people live on this planet, with another 2 billion predicted by 2050. Each one of us drinks two to four liters of water daily, but we ❹ c▯▯▯▯▯▯ much more as part of the food we eat. It takes around 1,500 liters of water to produce a kilo of ❺ w▯▯▯▯ and ten times that amount for a kilo of beef.

As urban populations and economies increase, so do water demands for cities and ❻ i▯▯▯▯▯▯▯▯, leaving less for agriculture. Competition between cities and the countryside is increasing. That means there will be less water for small farmers and fishermen who cannot make a living without it.

Food security is critically dependent on a supply of clean water. We must make it a priority to reduce water ❼ p▯▯▯▯▯▯▯▯. We must develop more efficient water supply systems, eliminate leaks, and make sure that water is stored and distributed properly.

We also need to ❽ p▯▯▯▯▯▯ the purity of water resources and wetlands that support fisheries. They provide a significant source of protein to 2.5 billion people in developing countries.

Water and sanitation should be priorities in national **⑨** d⬚⬚⬚⬚⬚⬚⬚⬚⬚ plans and strategies. Money should also be provided to meet these goals. Communities and governments should work towards meeting the basic needs of their people to **⑩** a⬚⬚⬚⬚⬚⬚ food security.

We need to increase water supplies through better resource management. We also need to reduce the demand for water by employing more efficient irrigation technology. Individuals, communities and governments must all work together. Water scarcity is a global challenge, but the solutions are often local.

答 ❶ promote ❷ crisis ❸ available ❹ consume ❺ wheat ❻ industry ❼ pollution ❽ protect
❾ development ❿ achieve

7 解答・解説

問題は別冊 p.26

解答

問1	**(these) early Palaeolithic humans**							

問2	②	問3	④	問4	③	問5	②	問6	③

問7	**it comes to losing weight**	問8	④	問9	④, ⑦, ⑨

解説

問1

第1段落第1文, 第2文の S が They となっており, これを指すのが同段落第3文の these early Palaeolithic humans であると考えられる (this / these は基本的に直前の文に指示内容がある)。

問2

argument は「(賛否の)論拠, 論点」の意味で, argument for ～ で「～を支持する論拠」の意味 (逆に, argument against ～は「～に反対する論拠」)。下線部の後に is that ... と続くので, 論拠の内容が that 以下に書かれている。ここに書かれている内容を整理すると, 以下のようになる。

a) 人間の身体は石器時代の生活に適応していた

b) 人間の身体はその時代からほとんど変化していない

c) ゆえに我々は農耕社会以前の狩猟生活民の食生活に従うべき

選択肢②が上記 a+b の内容に合致する。

問3

①「アーモンド」 ②「バナナ」 ③「ステーキ」 ④「**ヨーグルト**」

下線部直後に advocate avoiding ...「…を避けることを提唱する」とあるので, この後に挙げられているのが「摂取をすすめない食べ物」となる。ヨーグルトは dairy products「乳製品」に含まれる。

問4

①「比較」 ②「協力, 協調」 ③「**不一致, 不釣り合い**」 ④「類似性」

incompatibility は形容詞 compatible「両立する, 適合する」の名詞形 compatibility に否定の接頭辞 in- を付けていることから,「不適合, 非両立」と

89

いう意味。仮にこの語を知らなくても，arise from 〜「〜が原因で起こる」の後にあるので，modern disorders like heart disease, diabetes and cancer の原因となるもの，つまり身体にマイナスの作用をするもの，ということが推測できる。さらに，直後の between our modern diet and our prehistoric anatomy に注目し，第2段落第4文（Consuming dairy products or any agriculturally-based food is said to be challenging both evolution and our bodies.）の内容も合わせて考えると，現代の食生活は身体に「適合しない」という内容が読み取れる。以上により，正解は③。

問5

下線部の otherwise は「別の方法で，違ったふうに」（= in a different way）の意味。Evolutionary biologists「進化生物学者」は第2段落前半の内容とは異なる主張を展開していることがわかる。その主張の内容は第2段落第6文以下に書かれており，整理すると以下のようになる。

a) 異なる遺伝子は異なる速度で変化する
b) ゆえに我々は遺伝子的に石器時代人と同一ではない
c) 人類は絶えず進化している

以上により，人類は絶えず進化しているため旧石器時代の人と同じ食生活をすればよいとは限らないと言えるので，正解は②。

問6

下線部は Few would argue that ...「…と主張する人はほとんどいないだろう」から始まる。この Few は代名詞で，Few people の代用。few は「（数が）ほとんどない，少ない」という否定的な意味（a few は「多少はある」という肯定的な意味）。したがって，that 以下には多くの人々が賛同しないであろう内容が書かれていることになる（その逆のことが推奨される）。

1つ目は，eating only highly processed foods is good「加工度の高い食品だけを食べるのが良い」。

▶筆者は加工度の高い食品だけを食べるのは良くないと考えている。

2つ目は，we wouldn't benefit from eating some more fruit and vegetables「果物や野菜を多めに食べるのはメリットがない」。

▶筆者はもっと果物や野菜を食べたほうが良いと考えている。

　以上により，正解は③。

①のハンバーガーは加工食品なので×。

②もゼリーが加工食品なので×。

④のようなパンと白米の比較は本文からは読み取れない。

問7

　when it comes to ～は「～のことになると」という意味の慣用表現。この to は前置詞なので，「～」の部分には名詞または動名詞が入る。lose weight「体重を減らす」は第3段落第3文で既出。

問8

①「幅広い意見の一致」　②「巧妙な手口」

③「命を奪う兵器」　　**④「万能な解決法」**

　bullet は「弾丸，銃弾」という意味で，magic bullet で「魔法の弾丸」「必ず標的に当たる弾丸」「百発百中の弾丸」の意味から転じて「特効薬」を表す。この段落は，石器時代の食生活に戻ればよいという証拠はなく，かといって現代の食生活のままも良くないという内容なので，「特効薬」＝「万能な解決法」はまだないという文脈である。

問9

① 第1段落第3文で旧石器時代の食生活が現代人にとっても良いという説が取り上げられ，以下，この見解に沿って書かれている。これとは逆の主張（現代人の身体には合わない）も取り上げられているが，定説とまでは断定されていないことから，誤りと考えられる。

② そのような記述はない。また，第1段落第2文からは，狩猟採集生活を送っていたことが読み取れるので，大規模な農業が行われていたとは考えにくい。さらに，第1段落最終文には，pre-agricultural という語があるので，この時代は農業が開始する以前であったことも読み取れる。

③ 第1段落第2文で木の実やベリーを集めたとの記述があるので，これと不一致。

④ 第2段落第3文と一致。この文のthis dietは第1段落最終文の the pre-agricultural

91

hunter-gatherers' diet「農耕社会以前の狩猟生活民の食生活」を指す。

⑤ 第3段落第5文（Yet this doesn't mean that all dairy products and grains should be avoided.）と不一致。

⑥ この考えについては第2段落最終文に記述があり，同段落第5文以下の evolutionary biologists「進化生物学者」の見解を整理，または補足するものである。

⑦ 第3段落第3文と一致。

⑧ 第3段落第4文に ... it is of course unhealthy to follow a diet that mainly consists of highly processed foods like white bread and sugary cereals. 「主として精白パンや糖質の多いシリアルのような加工度の高い食品からなる食事をすることはもちろん不健康である」とあり，「もちろん」という断定的な表現からも，そのような主張をする者はいないと解される。

⑨ 第3段落第6文～最終文参照。体重を減らすには食べる量を減らし運動をするしかないというアドバイスは陳腐であるが，代替手段は見つかっていないと述べている。

⑩ 本文全体として，石器時代の食生活をまねることには肯定的であるが，「疑いようのない真実」とまで断定してはいない。たとえば第3段落第1文でも possible「ありうる」としているに過ぎない。

▼

それでは次に，段落ごとに詳しくみていこう。　🔊 40

第1段落　文の構造と語句のチェック

¹They didn't eat pizzas, curry, or cake. ²They hunted animals, caught fish and collected nuts and berries (from the forest). ³Some say ⟨ these early Palaeolithic humans, (living between 2.5 million and 10,000 years ago), had just the right diet 〔 for modern living 〕⟩. ⁴The argument 〔 for the Palaeolithic

7 解答・解説

　　　　　　従接
diet 〕is 〈 that the human body adapted (to life 〔 during the Stone Age 〕)〉, and
　　　　V C① ───────────── ────── S 　　　　　　V 　　　　　　　　　　　　　　　等接

　　　従接 that 省略
〈(because it has changed (very little)(since then)), it would be better 〈 for
C② 　従接 S 　　V 　　　　　　　　　　　　　　　　仮S 　　V 　　　C 　真S

us to follow the pre-agricultural hunter-gatherers' diet 〉〉.
S′ V′ 　　　　　　　O′

> **訳** ¹彼らはピザもカレーもケーキも食べなかった。²彼らは動物を狩り，魚を捕まえ，森から
> は木の実やベリー（小果実）を集めた。³このような250万年〜1万年前に生きていた旧石器
> 時代初期の人類は現代の生活に最適な食生活をしていた，と言う人もいる。⁴旧石器時代の
> 食生活を支持する論拠は，人間の身体が石器時代の生活に適応していたという点と，人間の
> 身体はその時代からほとんど変化していないのだから，我々は農耕社会以前の狩猟生活民
> の食生活に従う方が良いであろうという点だ。

語句

pizza	名	ピザ	right	形	適切な，ふさわしい
curry	名	カレー	diet	名	日々の食事，食生活，食事療法
hunt	動	狩る	**modern**	形	現代の
collect	動	集める，採集する	**living**	名	生活（様式）
nut	名	木の実	**argument**	名	（賛否の）論拠，論点
berry	名	ベリー（イチゴなどの食用小果実）	**adapt to 〜**	熟	〜に適応［順応］する
			follow	動	従う
forest	名	森	pre-agricultural	形	農耕以前の
early	形	初期の，最初の	hunter-gatherer	名	狩猟採集民

第2段落　文の構造と語句のチェック

　　　　　　　　　　　　　　　　　　　　　　　①
¹Proponents 〔 of this diet 〕advocate 〈 avoiding all dairy products and
S 　　　　　　　　　　　　　V 　　O 　　　　　　　　　　　　　　　等接

②
grain-based foods 〔 like pasta, bread or rice 〕〉. ²They argue 〈 that modern
S 　　　　　　　　　　　① 　　② 　等接 ③ 　　　　S 　　V 　　O 　従接

disorders 〔 like heart disease, diabetes and cancer 〕have arisen (primarily
S 　　　　　　　　① 　　② 　等接 ③ 　　　　V

from the incompatibility 〔between our modern diet and our prehistoric anatomy 〕)〉.
　　　　　　　　　　　　　　　　　　　　　等接

³It is argued 〈 that we should follow this diet (because our bodies, and
仮S V 真S 従接 S 　　V 　　　　O 　　従接 　　　S① 　　等接

93

especially our digestive systems, have evolved (based on it))⟩. ⁴⟨ Consuming

dairy products or any agriculturally-based food ⟩ is said to be challenging both

evolution and our bodies. ⁵Evolutionary biologists argue otherwise. ⁶They say

⟨ that (because different genes change (at different rates)), we

can't expect to be genetically identical (to people [living in the Stone Age])⟩.

⁷(In fact), humans have been constantly evolving.

訳 ¹このような食生活を支持する人々は，あらゆる乳製品やパスタ，パン，米といったような穀物食品を避けることを提唱する。²彼らは，心臓病，糖尿病，ガンといった現代の病気は，主として現代の食生活と有史以前からの身体の仕組みとの不適合から生じていると主張する。³我々がこのような食生活に従うべきなのは，我々の身体，特に消化器系がそれに基づいて進化してきたからなのだ，と主張されている。⁴乳製品や農業によって作られたいかなる食品をも摂取することは，進化にも身体にも戦いを挑むことなのだと言われる。⁵進化生物学者はそうではないと主張する。⁶彼らは，異なる遺伝子は異なる速度で変化するので，我々は石器時代に生きていた人々と遺伝子的に同じになるとは思えない，と言う。⁷実際，人類は絶えず進化している。

語句

proponent	名	支持者，擁護者	**arise from ～**	熟 ～が原因で起こる，～から生じる
advocate	動	主張［奨励］する	**primarily**	副 主として，第一に
dairy	形	牛乳から作られる	incompatibility	名 不適合，非両立(性)
product	名	製品，生産物	**prehistoric**	形 有史以前の，先史時代の
grain-based	形	穀物の	**anatomy**	名 人体(の構造)，生体構造
argue	動	主張する，異議を唱える	**especially**	副 特に
disorder	名	(心身の)不調，疾患	**system**	名 (器官などの)系，機構
disease	名	病気	**evolve**	動 進化する
cancer	名	ガン	**based on ～**	熟 ～に基づいて
			consume	動 消費する，摂取する

94

7 解答・解説

challenge	動	挑む, 挑戦する	gene	名	遺伝子
evolution	名	進化	rate	名	割合, 速度
evolutionary	形	進化の	expect	動	予期［期待］する
biologist	名	生物学者	genetically	副	遺伝的に, 遺伝子的に
otherwise	副	別のやり方で,	identical	形	同一の, 一致して
		違ったふうに	constantly	副	絶えず, いつも

第3段落　文の構造と語句のチェック

^{1}(Whether or not we are genetically identical (to cave people)), it is (of course)
　　　　従接　　　　 S　　V　　　　　　　　C　　　　　　　　　　　　　　仮SV

still possible 〈 that the Palaeolithic diet could be better (for us)〉. ^{2}Few
　　　C　　真S 従接　　　　S　　　　　　 V　　　 C　　　　　　　　　　　 S

would argue 〈 that 〈 eating only highly processed foods 〉 is good 〉, or 〈 that we
　　V　　　O① 従接 S　　　　　　　　　　　　　　　　　V　 C　　等接　 O② 従接　S

wouldn't benefit (from eating some more fruit and vegetables)〉. ^{3}Moreover,
　　　V　　　　　　　　　　　　　　　　　 ①　　等接　 ②

studies have shown 〈 that people do tend to lose weight faster (on the
　 S　　　V　　 O 従接　 S　　　　V　　　　　　 O

Palaeolithic diet),(even though they tend to follow it (only for a few weeks))〉.
　　　　　　　　　　　 従接　　　　 S　　 V　　　 O

^{4}So, (while there's no hard and fast evidence yet 〈 that we should be eating
等接　　 従接　　V　　　　　　　　S　　　　　　 従接　 S　　　　 V
　　　　　　　　　　　　　　　　　　　　　　　　　　 (同格)

(like cave people))), it is (of course) unhealthy 〈 to follow a diet 〔 that mainly
　　　　　　　　　　　 仮SV　　　　　　　　 C　　 真S　　　　　　　　　 関代

consists (of highly processed foods 〔 like white bread and sugary cereals 〕)〕〉.
　 V　　　　　　　　　　　　　　　　　　　　 ①　　 等接　　 ②

^{5}Yet this doesn't mean 〈 that all dairy products and grains should be avoided 〉.
等接 S　　 V　　　 O 従接　　　　 ①　　　　 等接　 ②　　　　 V

^{6}(When it comes (to losing weight)), the advice is still pretty dull ── eat less
　 従接　 S　 V　　　　　　　　　　　　　　 S　　　 V　　　　　 C　　　　　 ①

and exercise more ── which is probably 〈 why any diet 〔 claiming to have found
等接　　 ②　　　　　　 関代　 V　　　　　 C 関副　 S

95

an alternative 〕 <u>seems</u> <u>appealing</u> 〉. ⁷Unfortunately, <u>it</u> <u>seems</u> 〈 <u>that</u> there's still
　　　　　　　　　 V　　　　C　　　　　　　　　　　　　　　S　　V　　C　従接

<u>no magic bullet</u> 〉.
　　 S

訳 ¹ 我々が（石器時代の）穴居人と遺伝子的に同一であろうとなかろうと，旧石器時代の食生活の方が我々にとって良いという可能性はもちろん依然としてありうる。² 加工度の高い食品だけを食べるのが良いとか，果物や野菜を多めに食べるメリットはないとか主張する人はほとんどいないだろう。³ そのうえ，様々な研究により，人々が旧石器時代の食生活をすると，たとえそれが数週間しか続かない傾向にあるとしても，実際により速く体重を落とす傾向があることがわかっている。⁴ したがって，我々が穴居人のような食生活をすべきだという確固たる証拠はまだないものの，主として精白パンや糖質の多いシリアルのような加工度の高い食品からなる食事をすることはもちろん不健康である。⁵ だが，これはあらゆる乳製品や穀物が避けられるべきだという意味ではない。⁶ 体重を減らすということになると，食べる量を減らして運動を増やせ，というアドバイスは依然としてかなり陳腐なものであり，おそらくそれが理由で，代替手段を見つけたと主張するいかなる食事療法も魅力的に思えるのだ。⁷ 残念ながら，いまだ特効薬はないようだ。

語句

cave	名	洞穴
of course	熟	もちろん
highly	副	高度に，大いに
process	動	加工（処理）する
▶ **processed food**		加工食品
benefit from ～	熟	～から恩恵を受ける
vegetable	名	野菜
moreover	副	さらに，そのうえ
study	名	研究，調査
tend to *do*	熟	～する傾向がある，～しがちである
lose weight	熟	体重が減る
even though ...	熟	たとえ…しても
hard and fast	熟	ゆるぎない，明確な
evidence	名	証拠
unhealthy	形	不健康な，健康に悪い

mainly	副	主に，主として
consist of ～	熟	～から成る，～で構成される
sugary	形	糖分を多く含む，甘い
cereal	名	シリアル（穀物加工食品）
when it comes to ～		
	熟	～のことになると
pretty	副	かなり
dull	形	つまらない，ありふれた
exercise	動	運動する
claim	動	主張する
alternative	名	代案，代替手段
seem	動	～のように思われる
appealing	形	魅力的な
unfortunately	副	残念ながら
bullet	名	弾丸，銃弾
▶ magic bullet		特効薬，万能な解決法

7 解答・解説

文法事項の整理 ⑨　等位接続詞

第1段落第1文の or について見てみよう。

They didn't eat pizzas, curry, **or** cake.

and や or などの接続詞は文法上対等なもの同士（語と語・句と句・節と節・文と文）を結ぶ。このような接続詞を「等位接続詞」と言い, 他に but / so / for / nor / yet がある。(※以下, 例文中の点線部分が対等に結ばれている)

① **and**「〜と〜；〜そして〜」

例 She mastered French **and** English.
「彼女はフランス語と英語を習得した」

例 He is a college student **and** his brother is a high school student.
「彼は大学生で, 弟は高校生だ」

② **or**「〜か〜；〜あるいは〜」

例 Which do you like better, tea **or** coffee?
「紅茶とコーヒーではどちらのほうが好きですか」

例 You can go there by bike, by bus, **or** on foot.
「そこへは自転車でもバスでもまたは徒歩でも行ける」

③ **but**「〜だが〜；〜しかし〜」

例 He is a severe **but** devoted teacher.
「彼は厳しいが熱心な先生だ」

例 He studied hard **but** failed in the entrance exam.
「彼は一生懸命に勉強したが, 入学試験に失敗した」

④ **so**「〜なので〜；〜だから〜」

例 He studied hard, **so** he passed the entrance exam.
「彼は一生懸命勉強したので入学試験に合格した」

⑤ **for**「〜, というのは [なぜなら] 〜だからだ」

例 He passed the entrance exam, **for** he had studied hard.
「彼は入学試験に合格した。というのも一生懸命に勉強したからだ」

97

⑥ **nor**「〜も…ない」

例　He isn't rich, **nor** has he ever been.
「彼は金持ちではないし，これまで金持ちだったこともない」
▶nor の後は倒置が起こり，疑問文と同じような語順になる。

⑦ **yet**「〜にもかかわらず〜」

例　She is wealthy, **yet** she is unhappy.
「彼女は裕福にもかかわらず，不幸だ」
▶ yet の前に and がつく場合がある。意味は同じ。

　等位接続詞が何と何を対等に結んでいるかを見抜くには，以下の順に考える。

> ①まず，等位接続詞の後ろの形をチェック
> →②次に，前に同様の形を探す

本文で確認してみよう。

▶ **第２段落第１文**

　Proponents of this diet advocate avoiding all dairy products **and** grain-based foods like pasta, bread **or** rice.

▶and が all dairy products と grain-based foods like pasta, bread or rice を対等に結んでいる。２つ目にも all がかかるようにも見えるが，dairy products は特に例示（限定）されていないのに対し，grain-based foods は例示されているので，「全て」ではないと解釈できる。

▶or は pasta と bread と rice の３つを対等に結んでいる。

▶３つ以上を対等に結ぶ場合，
〈① and ② and ③ and ④ ...〉のようにすることはあまりない。
〈①, ② and ③〉〈①, ②, ③ and ④〉のように最後の部分にのみ等位接続詞を挟む。

98

▶ 第2段落第2文

They argue that modern disorders like heart disease, diabetes **and** cancer have arisen primarily from the incompatibility between our modern diet **and** our prehistoric anatomy.

▷ 1つ目の and は heart disease と diabetes と cancer の3つを，2つ目の and は our modern diet と our prehistoric anatomy の2つを，それぞれ対等に結んでいる。なお，between は and とセットで用いることが多く，between *A* and *B* で「ＡとＢの間の」の意味。

▶ 第3段落第2文

Few would argue that eating only highly processed foods is good, **or** that we wouldn't benefit from eating some more fruit **and** vegetables.

▷ or は2つの that 節（that eating 〜 good と that we 〜 vegetables）を，and は fruit と vegetables を，それぞれ対等に結んでいる。

語句リストの復習

次の和訳と対応する英語を，ヒントを参考にして書き，空欄を完成させよう。

- 20 点 → パーフェクト！ 語彙力が武器になります！
- 16〜19 点 → その調子！ 着実に身についています。
- 12〜15 点 → もう一度取り組むと安心です。
- 11 点以下 → 要復習！ 声に出して読むと覚えやすいでしょう。

/ **20**点

①	h		動	狩る
②	f		名	森
③	a		名	(賛否の) 論拠, 論点
④	a	to 〜	熟	〜に適応 [順応] する
⑤	f		動	従う
⑥	p		名	支持者, 擁護者
⑦	a		動	主張 [奨励] する
⑧	d		形	牛乳から作られる
⑨	d		名	(心身の) 不調, 疾患
⑩	c		名	ガン
⑪	e		動	進化する
⑫	b	on 〜	熟	〜に基づいて
⑬	o		副	別のやり方で, 違ったふうに
⑭	g		名	遺伝子
⑮	c		副	絶えず, いつも
⑯	p		動	加工 (処理) する
⑰	b	from 〜	熟	〜から恩恵を受ける
⑱	c	of 〜	熟	〜から成る, 〜で構成される
⑲	c		動	主張する
⑳	a		形	魅力的な

答 ① hunt ② forest ③ argument ④ adapt ⑤ follow ⑥ proponent ⑦ advocate ⑧ dairy ⑨ disorder ⑩ cancer ⑪ evolve ⑫ based ⑬ otherwise ⑭ gene ⑮ constantly ⑯ process ⑰ benefit ⑱ consist ⑲ claim ⑳ appealing

ディクテーションしてみよう！ 🔊 41-43

今回学習した英文に出てきた単語を，音声を聞いて □□□ に書き取ろう。

They didn't eat pizzas, curry, or cake. They hunted animals, caught fish and collected nuts and berries from the ❶ f⬚⬚⬚⬚⬚⬚. Some say these early Palaeolithic humans, living between 2.5 million and 10,000 years ago, had just the right diet for modern living. The ❷ a⬚⬚⬚⬚⬚⬚⬚ for the Palaeolithic diet is that the human body adapted to life during the Stone Age, and because it has changed very little since then, it would be better for us to follow the pre-agricultural hunter-gatherers' diet.

Proponents of this diet ❸ a⬚⬚⬚⬚⬚⬚⬚ avoiding all dairy products and grain-based foods like pasta, bread or rice. They argue that modern disorders like heart disease, diabetes and ❹ c⬚⬚⬚⬚⬚ have arisen primarily from the incompatibility between our modern diet and our prehistoric anatomy. It is argued that we should follow this diet because our bodies, and especially our digestive systems, have evolved ❺ b⬚⬚⬚ on it. Consuming dairy products or any agriculturally-based food is said to be challenging both evolution and our bodies. Evolutionary biologists argue ❻ o⬚⬚⬚⬚⬚⬚⬚. They say that because different genes change at different rates, we can't expect to be genetically identical to people living in the Stone Age. In fact, humans have been ❼ c⬚⬚⬚⬚⬚⬚⬚⬚ evolving.

Whether or not we are genetically identical to cave people, it is of course still possible that the Palaeolithic diet could be better for us. Few would argue that eating only highly processed foods is good, or that we wouldn't ❽ b⬚⬚⬚⬚⬚ from eating some more fruit and vegetables. Moreover, studies have shown that people do tend to lose weight faster on the Palaeolithic diet, even though they tend to follow it only for a few weeks. So, while there's no hard and fast evidence yet that we should be eating like

101

cave people, it is of course unhealthy to follow a diet that mainly

9 c [   ] of highly processed foods like white bread and sugary cereals. Yet this doesn't mean that all dairy products and grains should be avoided. When it comes to losing weight, the advice is still pretty dull — eat less and exercise more — which is probably why any diet

10 c [   ] to have found an alternative seems appealing. Unfortunately, it seems that there's still no magic bullet.

答 **1** forest **2** argument **3** advocate **4** cancer **5** based **6** otherwise **7** constantly **8** benefit **9** consists **10** claiming

8 解答・解説

問題は別冊 p.32

解 答

問1	（ア）④	（イ）②	（ウ）②	（エ）①	（オ）②

問2	③	問3	④	問4	(A)	①	(B)	③

問5	(a) ②	(b) ①	(c) ①	(d) ①

解 説

問1

（ア） ①「捕まえる」　②「失う」　③「逃す」　④「**進む**」

　目的格の関係代名詞 which が前にあるので, 先行詞 a network of pathways はもともと空所に入る動詞の直後にあったと考える。また, 後続の to get to them「そこ（お気に入りの場所）に着くために」もヒントになる。travel は他動詞で「（道のり）を進む, 行く」の意味がある。

（イ） ①「試み」　②「**障害**」　③「お気に入り」　④「象徴, 記号」

　such A as B「（たとえば）B のような A」では, B に A の具体例が入る。猫の行動圏について書かれているので, streets and buildings は行動を妨げるものと考えられる。cats are much more restricted の理由として挙げられている点も参考にして, ②が適切。

（ウ） ①「国／田舎」　②「**方向, 方角**」　③「距離」　④「時間」

　go back in the （　ウ　）from which they originally came「もと来た（　ウ　）に戻る」とあるので, ②が自然。なお, direction は in とセットで用い, in 〜 direction で「〜の方角に」の意味。which は関係代名詞（目的格）で, came from the direction の from が関係代名詞の前にきた形。

（エ） ①「**避ける**」　　②「予期[期待]する」
　　③「理解する」　　④「見る, 観察する」

　第3段落は複数の猫が同じ道を使うという問題の解決法について述べている。他の猫を見つけると, 距離をおいて座ったり相手が行くのを待ったり, 引

103

き返したりといった行動が挙げられている。よって、confrontation「顔を合わせること」を「避ける」と考える。

(オ)（以下，to 不定詞を後に続けた場合の意味）
  ① 「〜することを好む」 ② **「〜しない」**
  ③ 「〜し忘れる」   ④ 「立ち止まって〜する」

 the pictured cat「絵に描かれた猫」は当然，合図を送っても反応しないはずなので，**②**が正解。fail to *do* は「〜しない」という否定を表す。「失敗する」という意味ではないので注意（「〜するのに失敗する」は fail in *doing* ）。

問2

   （ i ） cat が主語，holds back ... disappeared が述部で upon spotting ... a path という分詞構文が挿入された文である。

 「他の」という形容詞は，不特定なら another（複数の場合other），特定される場合は the other を用いる。「他のもの」という代名詞の場合，不特定なら another（複数の場合 others ），特定される場合は the other（複数の場合 the others ）を用いる（▶ 111 ページ「文法事項の整理⑩」参照）。

 （ i ）は直前文の具体例の冒頭部分であり，「他の」の意味がないので **One** 。

 （ ii ）はこの時点では特定されていない他の一匹の猫なので，**another** 。この another は代名詞で，〈 spot＋O＋*doing* 〉「 O が…しているのを見つける」の O が代名詞になった文。

 （ iii ）は**（ ii ）**の猫を指すので特定され，**the other**（ここでは形容詞の用法）。この the other は主語の one に対して「（二匹のうちの）もう一匹は」という意味になる。

問3

 空所を含む英文には for example が挿入されており，直前の They try to (avoid) confrontation, even if one of the cats has already established itself as dominant to the other.「猫は，たとえ一方がすでに他方に対して優勢な立場を確立していたとしても，顔を合わせることを避けようとする」の具体例であることに注意する。そこで，<u>優勢［上位］</u>の猫が劣勢［下位］の猫の通過を待

104

つという内容にすべきだとわかる。空所を含む英文の後の文の主語 it が the superior cat を指していることもヒントになる。また, 他の猫が道を通過するのを待つという内容なので, **(v)** には **clear** が適切。clear は「明確な」等の意味のほか,「妨げのない,（道が）自由に通れる」の意味がある。clean は「きれいな, 清潔な」の意味。

問4

(A) sight of ～で「～を見ること」の意味。また, its species とあるので, 自らと同じ種の意味であると解釈できる。つまり, another of its species は「自分と同じ種の動物（猫）の他の一匹」という意味。

(B) this は直前部分（searches behind the mirror）を指し, work は「うまくいく, 効果がある」の意味。鏡に映った猫（自分の姿）を見て, 鏡の後ろを探すことが役に立たない ⇒ 鏡の後ろを探しても見つからない. と考える。

問5

(a) 「田舎の猫は行動圏として非常に広い地域を使い, それを他の猫と共有することはめったにない」
▶第2段落に several cats may use the same geographical area as a home range「複数の猫が行動圏として地理的に同じ地域を使う場合があり」とあるので, 共有していることがわかる。よって, 本文の内容と一致しない。

(b) 「二匹の猫が二つの道の合流点にお互いが接近しているのを見ると, 同時に渡らないようにする」
▶第3段落第3文と一致。「距離を置いたところに座り, 相手よりも長く待とうとする」を「同時に渡らないようにする」と言い換えている。

(c) 「猫は他の猫を別の動物と区別することができる」
▶第4段落第2文に cats know what cats look like「猫は猫の見た目を知っている」とあり, これと一致する。what ... look like は「…がどんなふうに見えるか」という意味。

(d) 「猫が自分の輪郭を鏡で見ると, 見えた『動物』の方へ歩いていく」
▶第4段落第4文と一致。walk up to ～は「～の方へ歩いていく, ～に歩み寄る」の意味で, 本文の approach を言い換えている。

それでは次に，段落ごとに詳しくみていこう。 🔊 **44**

第1段落 文の構造と語句のチェック

[1]A cat's home range has no specific boundaries; it is simply the area 〔 within
　　　S　　　　　　　　V　　　O　　　　　　　S　V　　　　　　　C

which there are a number of favorite places 〔 which it regularly visits 〕〕, (plus
関代　　　　V　　　　　S　　　　　　　　関代　　S　　　　　V

a network of pathways 〔 which it travels (to get to them)〕). [2]Country cats
　　　　　　　　　　　関代　S　　V　　　　　　　　　　　　　　　　S

may range (over as much as sixty acres) . [3]Suburban and city cats are much
　V　　　　　　　　　　　　　　　　　　　　　S　　等接　　　　　V

more restricted (because of such barriers 〔 as streets and buildings 〕).
　　C　　　　　　　　　　　　①　　　　　　②　　　　等接　　　②

> 訳 [1]猫の行動圏には明確な境界線はない。それは単純に，猫が定期的に訪れる数々のお気に入りの場所がある範囲内の区域に，それらの場所に行くために通る小道網を加えたものである。[2]田舎の猫は行動範囲が60エーカーをも超える場合がある。[3]郊外や都市部の猫は，通りや建物といった障害物があるためにはるかに制限される。

語句

range	名	範囲／	**network**	名	ネットワーク，網状組織
	動	(範囲が)及ぶ	**pathway**	名	小道，通路
specific	形	明確な	**travel**	動	進む，行く
boundary	名	境界線	acre	名	エーカー(面積の単位,
simply	副	単に			1エーカー＝約4,046.86
a number of ~	熟	多くの~			平方メートル)
favorite	形	お気に入りの	**suburban**	形	郊外の
regularly	副	定期的に	**restrict**	動	制限する，限定する
plus	前	~を加えて	**barrier**	名	障害，障壁
			such A as B	熟	BのようなA

第2段落 文の構造と語句のチェック

[1](In either situation), though, several cats may use the same geographical
　　　　　　　　　　　　　　　　　　S　　　　　V　　　　O

106

8 解答・解説

area (as a home range),(each having its own special hunting grounds or
　S'　　V'　　　　　　　　　　　　O'　　　　　　　　等接

resting places (within it)).

> **訳** ¹だが，いずれの状況でも，複数の猫が行動圏として地理的に同じ地域を使う場合があり，その地域内にそれぞれの猫が自身の特別な狩場や休憩場所を持っている。

語句

either	形	どちらの～も
situation	名	状況
though	副	しかし，～だけれども

geographical	形	地理的な
hunt	動	狩りをする
▶hunting ground		狩場
rest	動	休憩する

第3段落　文の構造と語句のチェック

¹Researchers have watched ⟨ how cats 〔 whose ranges overlap 〕 solve
　S　　　　V　　　　　　O　疑　S　　関代　　　S　　　V　　　V

the problem 〔 of using the same pathways 〕⟩. ²One cat, (upon spotting another
　O　　　　　　　　　　　　　　　　　　　　　S　　　　　V'　　　O'

moving along a path), holds back (until the other cat has disappeared). ³(If
　C'　　　　　　　　　V　　従接　　S　　　　V　　　　　　従接

two cats see each other approaching a junction of two paths), both may sit down
　S　　V　　O　　　　　C　　　　　　　　　　　　　S　　V

(at a distance (from the crossroads)) and try to wait (longer than the other).
　　　　　　　　　　　　　　　　　　　等接　V

⁴One cat may eventually make a fast run (across the junction), or both
　S　　　　　　　V　　　O　　　　　　　　　　　　　　　　　S

may turn around and go back (in the direction 〔 from which they originally
　V　　　　等接　V　　　　　　　　　　　　関代　　S

came 〕). ⁵They try to avoid confrontation, (even if one of the cats has already
　V　　　S　　V　　　　O　　　　従接　　S

established itself (as dominant to the other)). ⁶(If, (for example), an inferior cat
　V　　O　　　　　　　　　　　　　　従接　　　　　　　　　S

107

is already walking (down a pathway) (when a superior cat approaches)), the
　　　　　V　　　　　　　　　　　　　　従接　　　　S　　　　　V

superior cat sits down and waits (until the road is clear). [7] Nor does it drive
　　S　　　　V　　等接　V　　従接　　S　　V　C　　等接　(V) S　V

an inferior cat away (from its own favorite sunning spot).
　　　　　　　　O

訳 [1]行動圏が重なる猫が同じ小道を使うという問題をどのように解決するのか，研究者たちは観察を行ってきた。[2]ある猫が道で他の猫が移動しているのを見つけるとすぐに，その猫が姿を消すまで引っ込む。[3]もし二匹の猫が二つの道の合流点にお互いが接近しているのを見た場合，二匹とも交差点から距離をおいたところに座り，相手よりも長く待とうとするかもしれない。[4]片方の猫が結局交差点を素早く走り抜けるかもしれないし，二匹とも方向転換してもと来た方向へ戻るかもしれない。[5]猫は，たとえ一方がすでに他方に対して優勢な立場を確立していたとしても，顔を合わせることを避けようとする。[6]たとえば，上位の猫が接近してきたときに下位の猫がすでに道を歩いていた場合，上位の猫は座って道が空くまで待つのだ。[7]上位の猫が自身のお気に入りの日なたぼっこの場所から下位の猫を追い払うということもない。

語句

researcher	名	研究者
overlap	動	重なる
upon[on] *doing*	熟	〜してすぐに
spot	動	見つける，発見する
hold back	熟	引き下がる，引っ込む
disappear	動	姿を消す
each other	熟	お互い
approach	動	接近する
junction	名	交差点，合流点
at a distance（from 〜）		
	熟	（〜から）少し離れて
crossroad	名	十字路，交差点
eventually	副	結局，最終的に
make a run	熟	走る
turn around	熟	方向転換する，向きを変える

direction	名	方向，方角
originally	副	もともと，最初に
avoid	動	避ける
confrontation	名	直面，向き合うこと
even if ...	熟	たとえ…しても
establish	動	確立する
dominant	形	支配的な，優勢な
inferior	形	劣った，下位の
superior	形	優れた，上位の
clear	形	妨げのない，（道が）自由に通れる
drive *A* away from *B*		
	熟	BからAを追い払う
sun	動	日なたぼっこ［日光浴］をする

108

8 解答・解説

第4段落　文の構造と語句のチェック

[1](For many small animals), the mere sight [of another of its species] is not
　　　　　　　　　　　　　　　　S　　　　　　　　　　　　　　　　　　　　　　　V

enough (to cause aggressive behavior). [2]⟨ That cats know ⟨ what cats look like ⟩⟩
C　　　　　　　　　　　　　　　　　　　　　　S　従接　S　V　O　　　 S　V

has been shown (by researchers [who have watched feline reactions [to
V　　　　　　　　　　　　　　　　　　　 関代　　 V　　　　　　 O

pictures of variously shaped abstract forms and animal silhouettes]]).
　　　　　　　 ①　　　　　　　　　　　　　　等接　　　 ②

[3]The usual behavior [of a cat [in this test situation]] is ⟨ to approach the cat
S　　　　　　　　　　　　　　　　　　　　　　　　　　　　 V C①

silhouette cautiously ⟩ and then, sometimes, ⟨ to make an angry sound (when
　　　　　　　　　　　　等接　　　　　　　　　　　C②　　　　　　　　　　　　従接

the pictured cat fails to respond (to its signals))⟩. [4]A cat [who sees itself (in a
S　　　　　　 V　　　　　　　　　　　　　　　　　　　　　　 S 関代　 V　 O

　　　　　　　　　　　　　　　　　┌─関代 which 省略
mirror)] also approaches the "animal" [it has just sighted](in a friendly
　　　　　　　 V　　　　　 O　　　　　 S　　　　 V

spirit). [5](Unable to locate a flesh-and-blood cat (in front of the mirror)),

the real cat often searches (behind the mirror), and (when this does not work),
S　　　　　　 V　　　　　　　　　　　　　　　 等接　 従接　 S　　 V

it rapidly loses interest.
S　　　　　 V　　 O

訳 [1]多くの小型動物にとって，同じ種の他の個体をただ見るだけでは攻撃的な行動を起こすのに十分ではない。[2]猫は猫の見た目を知っているということは，さまざまな形の抽象的な物影と動物の輪郭の絵に対する猫の反応を観察した研究者によって示されてきた。[3]この試験の状況における猫の通常の行動はというと，猫の輪郭に用心深く近づき，その後，絵に描かれた猫がその合図に反応しないと怒ったような声を出すときもある。[4]自分の姿を鏡で見た猫も，視界に入ったばかりのその「動物」に友好的な気持ちをもって近づいていく。[5]鏡の前で生身の猫を見つけられないと，たいていの場合本物の猫は鏡の後ろを探し，これがうまくいかないと，すぐに興味を失う。

109

語句

mere	形	ほんの, 単なる
sight	名	見ること
species	名	(動物などの)種
cause	動	引き起こす
aggressive	形	攻撃的な
behavior	名	行動
reaction	名	反応
variously	副	さまざまに
shaped	形	～の形をした
abstract	形	抽象的な
form	名	人影, 物影
silhouette	名	シルエット, 輪郭
cautiously	副	用心深く

make a sound	熟	音を立てる, 声を出す
picture	動	絵[写真]で示す
fail to *do*	熟	～しない
respond to ～	熟	～に反応する
signal	名	合図
sight	動	～が目に入る
spirit	名	精神(状態), 心
(be) unable to *do*	熟	～できない
locate	動	(場所)を突き止める
flesh-and-blood	形	生身の, 肉体を持つ
in front of ～	熟	～の前に
search	動	探す
rapidly	副	急速に
interest	名	興味

文法事項の整理 ⑩ other に関する表現

第3段落第2文の one / another / the other について見てみよう。

One cat, upon spotting **another** moving along a path, holds back until **the other** cat has disappeared.

otherに関する表現として, anotherやthe other, (the) others がある。以下のように整理しよう。

<基本的な考え方>

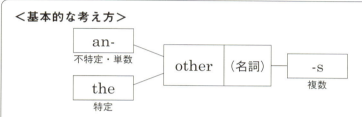

※「特定」とは, 他に組み合わせが考えられない, つまり, 残り全部という意味。
※ (an)other は後に名詞が付く場合は形容詞, 付かない場合は代名詞。

■頻出パターン

① 「(2者のうち) 1つは~, もう1つは…」

例 I have two brothers. **One** is in Tokyo, and **the other** is in Osaka.
「私には兄弟が2人いる。1人は東京に, もう1人は大阪にいる」

② 「(3者以上のうち) 1つは~, もう1つは…」

例 I have many foreign friends. **One** is from the U.S., and **another** is from Canada.
「私には多くの外国人の友だちがいる。1人はアメリカ，また別の1人はカナダ出身だ」

③ 「(3者のうち) 1つは〜, もう1つは…, 残りの1つは…」

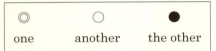

例 I have three sons. **One** is in Tokyo, **another** is in Nagoya, and **the other** is in Osaka.
「私には3人の息子がいる。1人は東京に，もう1人は名古屋に，残りの1人は大阪にいる」

④ 「(多数のうち) 〜するものもあれば, …するものもある」

例 **Some** people like baseball, and **others** like soccer.
〈others＝other people〉
「野球が好きな人もいれば，サッカーが好きな人もいる」

⑤ 「(多数のうち) 〜するものもあれば, …するものもいて, さらに…するものもある」

例 **Some** people like baseball, **others** like soccer, and **still others** like tennis.
「野球が好きな人もいればサッカーが好きな人もいて，さらにテニスが好きな人もいる」

▶第３段落第２文の one (cat) と another は上記パターン②にあてはまり，この時点で２匹の猫の関係になるので，その後の the other (cat) は上記パターン①にあてはまる。１つのパターンに単純にあてはまるわけではなく，応用的に考える必要がある。問２の解説も参照。

語句リストの復習

次の和訳と対応する英語を，ヒントを参考にして書き，空欄を完成させよう。

- ● 20点 → パーフェクト！語彙力が武器になります！
- ● 16〜19点 → その調子！着実に身についています。
- ● 12〜15点 → もう一度取り組むと安心です。
- ● 11点以下 → 要復習！声に出して読むと覚えやすいでしょう。

/20点

①	s	形	明確な
②	b	名	境界線
③	f	形	お気に入りの
④	r	副	定期的に
⑤	s	形	郊外の
⑥	b	名	障害，障壁
⑦	g	形	地理的な
⑧	o	動	重なる
⑨	at a d （from 〜）	熟	（〜から）少し離れて
⑩	e	副	結局，最終的に
⑪	d	名	方向，方角
⑫	o	副	もともと，最初に
⑬	e	動	確立する
⑭	i	形	劣った，下位の
⑮	s	形	優れた，上位の
⑯	c	形	妨げのない，（道が）自由に通れる
⑰	a	形	攻撃的な
⑱	a	形	抽象的な
⑲	c	副	用心深く
⑳	s	名	精神（状態），心

答 ① specific ② boundary ③ favorite ④ regularly ⑤ suburban ⑥ barrier ⑦ geographical ⑧ overlap ⑨ distance ⑩ eventually ⑪ direction ⑫ originally ⑬ establish ⑭ inferior ⑮ superior ⑯ clear ⑰ aggressive ⑱ abstract ⑲ cautiously ⑳ spirit

8 解答・解説

ディクテーションしてみよう！　🔊 45-48

今回学習した英文に出てきた単語を，音声を聞いて ⬚⬚⬚ に書き取ろう。

A cat's home range has no ❶ s⬚⬚⬚⬚⬚⬚⬚ boundaries; it is simply the area within which there are a number of favorite places which it regularly visits, plus a network of pathways which it travels to get to them. Country cats may range over as much as sixty acres. Suburban and city cats are much more restricted because of such ❷ b⬚⬚⬚⬚⬚⬚ as streets and buildings.

In either situation, though, several cats may use the same geographical area as a home range, each having its own special hunting grounds or resting places within it.

Researchers have watched how cats whose ranges ❸ o⬚⬚⬚⬚ solve the problem of using the same pathways. One cat, upon spotting another moving along a path, holds back until the other cat has disappeared. If two cats see each other approaching a junction of two paths, both may sit down at a ❹ d⬚⬚⬚⬚⬚⬚ from the crossroads and try to wait longer than the other. One cat may eventually make a fast run across the junction, or both may turn around and go back in the ❺ d⬚⬚⬚⬚⬚⬚ from which they originally came. They try to avoid confrontation, even if one of the cats has already ❻ e⬚⬚⬚⬚⬚⬚⬚ itself as dominant to the other. If, for example, an inferior cat is already walking down a pathway when a superior cat approaches, the superior cat sits down and waits until the road is ❼ c⬚⬚⬚⬚. Nor does it drive an inferior cat away from its own favorite sunning spot.

For many small animals, the mere sight of another of its species is not enough to cause ❽ a⬚⬚⬚⬚⬚⬚⬚ behavior. That cats know what cats look like has been shown by researchers who have watched feline reactions to pictures of variously shaped ❾ a⬚⬚⬚⬚⬚ forms

115

and animal silhouettes. The usual behavior of a cat in this test situation is to approach the cat silhouette cautiously and then, sometimes, to make an angry sound when the pictured cat fails to respond to its signals. A cat who sees itself in a mirror also approaches the "animal" it has just sighted in a friendly ⑩ s　　　　. Unable to locate a flesh-and-blood cat in front of the mirror, the real cat often searches behind the mirror, and when this does not work, it rapidly loses interest.

答　❶ specific　❷ barriers　❸ overlap　❹ distance　❺ direction　❻ established　❼ clear
❽ aggressive　❾ abstract　⑩ spirit

9 解答・解説

問題は別冊 p.36

解 答

問1	エ	問2	（A）①	（B）④

問3	(1) ③	(2) ①	(3) ④	(4) ③	(5) ②	(6) ①

問4	①	問5	①

解 説

問1

（ア） helps の前に S が欠けているので，that は主格の関係代名詞。

（イ） lets の前に S が欠けているので，that は主格の関係代名詞。

（ウ） have caused の前に S が欠けているので，that は主格の関係代名詞。

（エ） Airbnb's growth（＝S）is slowing（＝V）となっており，この slow は「遅くなる」の意味の自動詞。よって，欠けている要素がないので，that は接続詞。ここでは signs の内容を説明する同格の用法。

問2

①「**たとえば**」　②「したがって」　③「他方で」　④「**しかし**」

（A）は，直前文の some areas の具体例として New York を挙げているので，①が適切。

（B）は，第4段落が法的規制，第5段落がトラブルなどのリスクを説明しており，これらは所有者にとってのマイナス面である。ところが，空所の後は there are no signs that Airbnb's growth is slowing「Airbnb の成長が減速している兆候は見られない」と相反する内容が続く。よって，逆接を表す④が適切。

問3

(1)「Airbnb とは何か」

①「ホテルやアパートを経営する人々のための休暇用の予約サイトである」

②「人々が無料の部屋に関する情報を提供するためのウェブサイトである」

③「**人々が家やアパートを旅行者に貸し出せるようにするウェブサイトである**」

④「人々が金を儲ける目的で家やアパートを売却するためのウェブサイトである」

※ provide「提供する」／allow「可能にする」／make money「金を稼ぐ」

▶③が第1段落第7文〜第2段落に一致。

117

(2)「最近 Airbnb に何が起こったか」

　①「**Airbnb の利用者数がかなり急速に増加した**」

　②「Airbnb の設立者が会議においてとても人気が出た」

　③「高価な家に滞在したいと思う人々の間で広まった」

　④「190 か国の約 34,000 の都市が独自のウェブサイトを立ち上げた」

　▶①が第3段落第2文に一致。

(3)「**Airbnb はどのように金を儲けるか**」

　①「サービスがホストにもゲストにも無料である」

　②「ウェブサイトにアクセスするのに一定額の金を請求する」

　③「ウェブサイトの所有者が，人々がログインするときに彼らに請求する」

　④「**宿泊の手配が行われるとホストもゲストも手数料を支払う**」

　　※amount「量，額」／log in「ログインする」／arrangement「準備，手配」

　▶④が第3段落第5文に一致。

(4)「**Airbnb のオーナーにとっての次のリスクのうち，本文中に書かれていない**
　　ものはどれか」

　①「オーナーから盗みを働く宿泊者がいるかもしれない」

　②「オーナーの所有物が損傷するかもしれない」

　③「**宿泊費の支払いを避けようとする宿泊客がいるかもしれない**」

　④「オーナーの所有物がパーティーに使用されるかもしれない」

　▶①及び②は第5段落第2文，④は第5段落最終文に記述がある。③は本文中
　　に記述がない。

(5)「**誰が Airbnb のホストになれるか**」

　①「家やアパートを持っていない人なら誰でも」

　②「**家屋を旅行者に提供できる家屋所有者**」

　③「自分の家に問題を抱えている人々」

　④「市に税金を払っている人々」

　▶②が第1段落最終文や第2段落第1文に一致。

9 解答・解説

(6)「Airbnb にとって将来はどうなるか」

①「**そのビジネスはおそらく拡大し続けるだろう**」

②「そのビジネスは数年のうちに確実に停滞するだろう」

③「Airbnb は生き残るためにはもっと中国人や出張旅行者を必要とするだろう」

④「人々は Airbnb に問題を抱えており，まもなくサービスを終了する可能性がある」

　　※continue to *do*「〜し続ける」／be certain to *do*「確実に〜する」／
　　　slow down「停滞［減速］する」／survive「生き残る，存続する」

　▶①が最終段落全体に一致。

問4

①「**新しいタイプの宿泊システム**」

②「世界中で人気が出てきている旅行の仕方」

③「より安い滞在場所を見つける方法」

④「海外旅行でどこに滞在すべきか」

　本文は第1〜2段落で Airbnb という新たな宿泊予約のサービスを紹介し，第3段落でその歴史，第4〜5段落で問題点，第6段落で現在および将来について説明している。そこで，①が正解となる。

問5

　Airbnb の利用者数については，第3段落第1〜2文から，2008年に始まり，開始以来人気が高まっていることがわかるので②と④は不正解。また，第6段落第1文で成長が減速する兆候もないとあり，現在まで成長が続いていることがわかるので，減速している③は不正解。以上により①が正解とわかる。

▼

それでは次に，段落ごとに詳しくみていこう。　🔊 49

第1段落 文の構造と語句のチェック

¹(When people travel), they sometimes prefer ⟨ not to stay in hotels ⟩. ²Then,
　　従接　　S　　　V　　　　S　　　　　　　V　　　　　O

they stay (in other people's homes). ³These accommodations are called "Bed and
S　　V　　　　　　　　　　　　　　　　　　　S　　　　　　　　　　V

Breakfast", or "B & B". ⁴These places are a nice way [to meet people], but it
　　　　C　　等接　　　　　　S　　　　V　　C　　　　　　　　　　　　　等接 仮S

is not always easy ⟨ to find the right one ⟩. ⁵Recently, a service has started [that
V　　　　　C 真S　　V′　　　O′　　　　　　　　　　　S　　　V　　　　関代

helps people [find places [to stay (when they travel))]]]. ⁶The service is called
V　　O　　C　　　　　　　　　　　　　従接　S　　V　　　　　S　　　V

Airbnb. ⁷Airbnb has a free website [that lets people [find accommodation
　C　　　　S　　V　　　　O　　　　関代　V　　O　　C

[which is similar (to a "B & B")](before they go (on their holidays))]]. ⁸It
関代　V　　C　　　　　　　　　　　　　従接　　S　　V　　　　　　　　　　　　　　　

works (like any holiday booking site): travelers go online, select the dates [they
V　　　　　　　　　　　　　　　　　　　　　S　　　V　　　　　V　　O　　　　

wish to travel] and pick a place [to stay]. ⁹The places [on offer] tend to be the
V　　　　等接　　V　　O　　　　　　　　　S　　　　　　V

apartments and houses [of ordinary people [who are looking to make
C　　等接　　　　　　　　　　　　　　　　関代　　　V

some extra money]].
O

> **訳** ¹人々は, 旅行をするとき, ホテルに滞在しないことを好む場合もある。²その場合, 他人の家に滞在する。³このような宿泊施設は「ベッドアンドブレックファースト」または「B&B」と呼ばれる。⁴このような場所は人と出会う良い方法であるが, 適切な場所を見つけるのは必ずしも容易ではない。⁵最近, 人々が旅行するときに滞在する場所を見つけるのに役立つサービスが始まった。⁶そのサービスは Airbnb(エアビーアンドビー)と呼ばれる。⁷Airbnb は, 人々が休暇に出かける前に「B&B」に似たような宿泊施設を見つけさせてくれる無料のウェブサイトを持つ。⁸それは休暇用の予約サイトのような働きをする。つまり, 人々はインターネットに接続し, 旅行をしたい日付を選択し, 滞在場所を選ぶ。⁹利用可能な場所は臨時収入を得ることを期待している一般人のアパートや家屋の傾向がある。

120

9 解答・解説

語句

prefer to *do*	熟	～するほうを好む
accommodation	名	宿泊施設
right	形	適切な
recently	副	最近, 近頃
service	名	事業, サービス
free	形	無料の
website	名	ウェブサイト
let + O + *do*	熟	Oに～させる, Oに～させてやる
be similar to ～	熟	～に似ている, ～に類似している
booking	名	予約

site	名	ウェブサイト (=website)
go online	熟	インターネットに接続する
select	動	(画面上で) 選択する
date	名	日にち, 日付
pick	動	選ぶ
on offer	熟	売り出されて, 利用可能な
tend to *do*	熟	～する傾向がある
apartment	名	アパート [マンション] (の貸室)
ordinary	形	普通の, 一般的な
look to *do*	熟	～することを期待する
extra	形	余分の, 追加の

第2段落　文の構造と語句のチェック

¹Hosts can register (on the site) (for free), set a price [per night] [for their
accommodation] and upload pictures [of their homes]. ²They can even set
house rules. ³A stay [in an Airbnb property] is thought to be cheaper (than
one [in a hotel]).

訳 ¹ホスト[宿の主人]は無料でウェブサイトに登録し, 宿泊施設の1泊ごとの価格を設定し, 家の写真をアップロードすることができる。²家のルールを定めることさえできる。³Airbnb での1泊はホテルでの1泊よりも安価だと考えられている。

語句

host	名	(宿の) 主人, ホスト
register	動	登録する
for free	熟	無料で
set	動	定める, 設定する

per	前	～につき, ～ごとに [の]
upload	動	(データを) アップロードする
property	名	不動産 [家屋, 土地], 資産, 所有物

121

第3段落　文の構造と語句のチェック

[1]Airbnb began (in 2008)(after two of its founders decided to offer
S　　V　　　　　　　　　　　　従接　　　　　S　　　　　　　　　V

their San Francisco apartment (to travelers 〔 coming to the city (for a
　　　　　　O

conference)〕)). [2](Since then) it has become very popular. [3]People can now
　　　　　　　　　　　　　　　　　　S　　V　　　　C　　　　S

stay (in Airbnbs)(in 34,000 cities 〔 in 190 countries 〕). [4]More than 40 million
V　　　　　　　　　　　　　　　　　　　　　　　　　　　　　　　　S

people have booked a trip (using the site). [5]Airbnb charges both its guests and
　　　V　　　　O　　　　　　　　　　　　　　S　　V　　　　　O₁　　　等接

its hosts a fee 〔 for arranging stays 〕. [6]Hosts are charged 3% 〔 of the cost 〔 of the
　　　O₂　　　　　　　　　　　　　　　S　　V　　　O

room 〕〕(to pay for expenses). [7]Guests are charged 6−12% (depending on the
　　　　　　　　　　　　　　　　　S　　V　　　　O

price 〔 of the room 〕).

訳 [1]Airbnbは，設立者の2人が，会議のために市にやって来る旅行者に自分たちのサンフランシスコのアパートを提供しようと決めたあと，2008年に始まった。[2]それ以降 Airbnb は大人気となった。[3]現在，人々は190か国の34,000の都市で Airbnb に宿泊できる。[4]これまでに4,000万人以上の人々がそのウェブサイトを利用して旅行の予約をした。[5]Airbnb はゲスト[宿泊客]とホストの両方に宿泊手配の手数料を請求する。[6]ホストは諸経費の支払いのため部屋代の3％を請求される。[7]ゲストは部屋代に応じて6～12％を請求される。

語句

founder	名	設立者, 創設者	**charge**	動 請求する
offer	動	提供する	**guest**	名 宿泊客
conference	名	（大規模な）会議	**fee**	名 手数料, 料金
popular	形	人気のある, 広く普及した	**arrange**	動 手配する, 準備する
			expense	名 費用, 経費
book	動	予約する	**depending on 〜**	熟 〜次第で, 〜に応じて

122

9 解答・解説

第4段落　文の構造と語句のチェック

[1](In some areas 〔 in which Airbnb is operating 〕), there are rules 〔 about
　　　　　　　　　　　 関代　　　 S　　　 V　　　　　　　　　 V　 S

renting out a home 〕. [2]New York, (for example), does not allow short-term rentals
　　　　　　　　　　　　　 S　　　　　　　　　　　　　　　 V　　　　　 O

(fewer than 30 days) (unless the owner is also living there).
　　　　　　　　　　　　 従接　　 S　　　　 V

> **訳** [1]Airbnb が営業を行っている地域の中には，家を貸し出すことに関する規則があるとこ
> ろもある。[2]たとえばニューヨークでは，オーナー[所有者]もそこに住んでいない限り，短期
> の賃貸(30日未満)は許されない。

語 句

operate	動 営業する	**allow**	動 許す，許可する
rent out ～	熟 ～を貸し出す， 　 ～を賃貸する	short-term	形 短期(間)の
		unless	接 ～しない限り
		owner	名 オーナー，所有者

第5段落　文の構造と語句のチェック

　　　　　　　　　　　　　　　　　　　　　　　　　　　　①　　　 等接　　　 ②
[1]Other concerns include standards of local housing, laws and regulations, and
　　 S　　　　　 V　　　 O①　　　　　　　　　　　 O②　　　　　 等接

　　　　　　　　　　　　　　　　　　　　　　　　　 等接
security risks. [2]There have been some cases 〔 of guests stealing or destroying
　 O③　　　　　　　　　 V　　　 S　　　　 S′　　　 V′

property 〕. [3]Some owners have complained (about people renting houses (to
　 O′　　　　　 S　　　　　 V　　　　　　　　　 S′　　　 V′　　 O′

hold parties 〔 that have caused damage (to homes)〕)).
　　　　　　 関代　　 V　　　 O

> **訳** [1]他の懸念としては，地域の住環境の水準，法律や規制，治安のリスクがある。[2]これまで
> にゲストが所有物を盗んだり壊したりした事例もあった。[3]家屋に損傷を与えるほどのパー
> ティーをするために家を借りる人々について苦情を言うオーナーもいた。

123

語 句

concern	名	不安, 懸念
include	動	含む
standard	名	基準, 水準
local	形	地域の, 地方の
housing	名	住宅, 住環境
law	名	法律
regulation	名	規制, 規定

security	名	治安, 防犯
case	名	事例, 実例
destroy	動	破壊する, 壊す
complain	動	不平[苦情]を言う
rent	動	賃借[賃貸]する
hold	動	開催する
damage	名	損傷, 損害

第6段落　文の構造と語句のチェック

¹However, there <u>are</u> <u>no signs</u> ⟨ that <u>Airbnb's growth</u> <u>is slowing</u> ⟩. ²<u>It</u> <u>has recently</u>
　　　　　　　　　　 V 　　 S 　　　 従接〈同格〉 　　 S 　　　　　　 V 　　　 S

<u>started to use</u> <u>TV advertisements</u> (in order to attract even more people (to the
　　　V 　　　　　　　　 O

site)). ³(In the future), <u>Airbnb</u> <u>hopes to expand</u> (into <u>the Chinese</u> and
　　　　　　　　　　　　　　　　 S 　　　　　 V 　　　　　　　　　 ① 　　 等接

<u>the business travel</u> markets).
　　　　②

> 訳 ¹しかし, Airbnb の成長が減速している兆候は見られない。²Airbnb は最近, さらに多くの人々をウェブサイトに引き寄せるためにテレビ広告を利用し始めた。³この先, Airbnb は中国市場や出張の市場へ拡大することを望んでいる。

語 句

sign	名	形跡, 兆候
growth	名	成長, 発展
slow	動	遅くなる, 弱まる
advertisement	名	広告

in order to *do*	熟	～するために
attract	動	引き寄せる, 集める
expand	動	拡大する, 進出する
market	名	市場

124

9 解答・解説

文法事項の整理 ⑪ ＜名詞＋that節＞の識別

第１段落第５文の that について見てみよう。

Recently, a service has started **that** helps people find places to stay when they travel.

that には以下のように多くの用法がある。
①代名詞（「あれ，それ」と訳す）
②形容詞（「あの，その」と訳し，直後の名詞にかかる）
③副詞（「そんなに」と訳し，直後の形容詞または副詞にかかる）
④従属接続詞
⑤関係代名詞
⑥関係副詞

この中で，④〜⑥が節を導く用法。特に紛らわしい，「**名詞のあとに that 節がついている場合**」の識別方法を，以下に整理する。

1. that 以下が不完全な文（ＳやＯ，前置詞のあとの名詞などが欠けた文）
thatは関係代名詞（節中のＳが欠けていればthatは主格，Ｏや前置詞のあとの名詞が欠けていれば目的格）

例　This is the house that　S　was designed by my father.　【主格】
「これは私の父によって設計された家だ」
▶that 以下にＳが欠けているので，that は主格の関係代名詞

例　This is the house that my father designed　O　.　【目的格】
「これは私の父が設計した家だ」
▶that以下にＯが欠けているので，that は目的格の関係代名詞

例　This is the house that my father used to live in　名　.　【目的格】
「これは私の父がかつて住んでいた家だ」
▶that 以下に前置詞 in のあとの名詞が欠けているので，that は目的格の関係代名詞

125

▶ 冒頭の第1段落第5文では, 名詞 a service と that が離れているが, この that は helps の前に S が欠けているので主格の関係代名詞で, a service が先行詞である。

2. that 以下が完全な文
1) 前の名詞が【時】【場所】【理由 (reason)】【方法 (way)】の場合
⇒ that は関係副詞

例 I don't like the way that my brother talks to me.
「兄の私に対する話し方が気に入らない」
▶ that 以下は完全な文, 前に「方法 (way)」があるので, that は関係副詞

2) その他の場合
⇒ that は同格の接続詞 (前の名詞の具体的な内容を説明する用法。「…という 名詞 」と訳す)

例 I couldn't accept the idea that we were wrong.
「私は, 私たちが間違っているという考えを受け入れられなかった」

同格の接続詞 that を従える名詞
fact「事実」／ conclusion「結論」／ belief「考え」／ idea「考え」／
thought「考え」／ claim「主張」／ opinion「意見」／ news「知らせ」／
hope「希望」／ possibility「可能性」／ chance「可能性」／ doubt「疑い」／
fear「恐れ」／ theory「理論」など

▶ **第1段落第7文**
Airbnb has a free website that lets people find accommodation which is similar to a "B & B" before they go on their holidays.
▶ 名詞 a free website の後に that が続き, that 以下は lets の前に S が欠けているので, that は主格の関係代名詞。

9 解答・解説

▶ **第5段落第3文**

Some owners have complained about people renting houses to hold parties **that** have caused damage to homes.

▶ 名詞 parties の後に that が続き，that 以下は have caused の前に S が欠けているので，that は主格の関係代名詞。

▶ **第6段落第1文**

However, there are no signs **that** Airbnb's growth is slowing.

▶ 名詞 signs の後に that が続き，that 以下は Airbnb's growth（=S）is slowing（=V）となっており，この slow は「遅くなる」の意味の自動詞。よって，欠けている要素がないので，that は接続詞。ここでは signs の内容を説明する同格の用法。

127

語句リストの復習

次の和訳と対応する英語を，ヒントを参考にして書き，空欄を完成させよう。

● 20点 → パーフェクト！ 語彙力が武器になります！　● 16〜19点 → その調子！ 着実に身についています。
● 12〜15点 → もう一度取り組むと安心です。　● 11点以下 → 要復習！ 声に出して読むと覚えやすいでしょう。

20点

①	p	to *do*	熟 ～するほうを好む
②	a		名 宿泊施設
③	be s	to ～	熟 ～に似ている，～に類似している
④	on o		熟 売り出されて，利用可能な
⑤	o		形 普通の，一般的な
⑥	r		動 登録する
⑦	for f		熟 無料で
⑧	f		名 設立者，創設者
⑨	c		名 （大規模な）会議
⑩	c		動 請求する
⑪	f		名 手数料，料金
⑫	e		名 費用，経費
⑬	d	on ～	熟 ～次第で，～に応じて
⑭	c		名 不安，懸念
⑮	r		名 規制，規定
⑯	d		動 破壊する，壊す
⑰	d		名 損傷，損害
⑱	a		名 広告
⑲	a		動 引き寄せる，集める
⑳	e		動 拡大する，進出する

答 ① prefer ② accommodation ③ similar ④ offer ⑤ ordinary ⑥ register ⑦ free ⑧ founder
⑨ conference ⑩ charge ⑪ fee ⑫ expense ⑬ depending ⑭ concern ⑮ regulation ⑯ destroy
⑰ damage ⑱ advertisement ⑲ attract ⑳ expand

9 解答・解説

ディクテーションしてみよう！　🔊 50-55

今回学習した英文に出てきた単語を，音声を聞いて ▢▢▢ に書き取ろう。

When people travel, they sometimes prefer not to stay in hotels. Then, they stay in other people's homes. These ❶[a   ] are called "Bed and Breakfast", or "B & B". These places are a nice way to meet people, but it is not always easy to find the right one. Recently, a service has started that helps people find places to stay when they travel. The service is called Airbnb. Airbnb has a free website that lets people find accommodation which is similar to a "B & B" before they go on their holidays. It works like any holiday booking site: travelers go online, select the dates they wish to travel and pick a place to stay. The places on ❷[o   ] tend to be the apartments and houses of ordinary people who are looking to make some extra money.

Hosts can register on the site for ❸[f   ], set a price per night for their accommodation and upload pictures of their homes. They can even set house rules. A stay in an Airbnb property is thought to be cheaper than one in a hotel.

Airbnb began in 2008 after two of its ❹[f   ] decided to offer their San Francisco apartment to travelers coming to the city for a conference. Since then it has become very popular. People can now stay in Airbnbs in 34,000 cities in 190 countries. More than 40 million people have booked a trip using the site. Airbnb charges both its guests and its hosts a ❺[f   ] for arranging stays. Hosts are charged 3% of the cost of the room to pay for expenses. Guests are charged 6-12% ❻[d   ] on the price of the room.

In some areas in which Airbnb is operating, there are rules about renting out a home. New York, for example, does not allow short-term rentals (fewer than 30 days) unless the owner is also living there. Other ❼[c   ] include standards of local housing, laws

129

and regulations, and security risks. There have been some cases of guests stealing or destroying property. Some owners have complained about people renting houses to hold parties that have caused **❽** d_____ to homes.

However, there are no signs that Airbnb's growth is slowing. It has recently started to use TV **❾** a_____ in order to attract even more people to the site. In the future, Airbnb hopes to **❿** e_____ into the Chinese and the business travel markets.

答 ❶ accommodations ❷ offer ❸ free ❹ founders ❺ fee ❻ depending ❼ concerns ❽ damage
❾ advertisements ❿ expand

10 解答・解説

問題は別冊 p.42

解答

問1	②	問2	②	問3	④	問4	④	問5	①
問6	③	問7	③	問8	③	問9	①	問10	④

解説

問1

第1段落第3文に memory loss can begin when someone is in their twenties 「物忘れは20代で始まる場合もある」と書かれているので②が正解。

問2

combine は「組み合わせる，結合させる」の意味。「4つの要素を組み合わせる」に最も近いのは「4つの要素を含む」なので②が正解となる。なお，combine を知らなかったとしても，combine の名詞形 combination が同段落最終文にあり，「コンビネーション」は日本語になっているので推測可能であろう。

問3

プログラムの内容は第2段落第4文（His program combines four elements: a special diet, daily physical activity, stress relieving exercises and, of course, memory exercises.）に書かれている。ここに含まれる4つの要素とは，(1)特別な食事，(2)日々の身体的活動，(3)ストレスを軽減する訓練，(4)記憶力の訓練である。選択肢①は(2)，②は(1)，③は(4)に該当するが，選択肢④に該当するものはない。

問4

① 「彼女の記憶力は同じ年齢の平均的な人よりもずっと悪い」
   ▶第3段落第3〜4文によれば，彼女の記憶力は，最初は同年齢の平均で，プログラム終了後に20歳と同程度になったので，誤り。

② 「スモール医師は，彼の記憶力の訓練で彼女の記憶力を改善することができなかった」
   ▶第3段落第4文に，プログラム終了後に20歳の記憶力と同等になったとある。そのあとに書かれている彼女の変化からも，改善できたとわか

131

るので，誤り。

③ 「彼女には，それぞれ10代の子どもを育てている３人の子どもがいる」

▶第３段落第２文に10代の３人の子どもがいると書かれているが，その子どものそれぞれが子育てをしているという記述はない。

④ **「彼女は子どもたちの勉強を手伝うことによって脳を鍛えている」**

▶第３段落最終文と一致。

問5

① **「方法，方式」**

② 「記録」

③ 「指導，手引き」

④ 「競技会，コンテスト」

strategy は「戦略，戦術」の意味から，一般的に（戦いに関係しない文脈で）「方策，方針」の意味を表す。この選択肢の中では①が最も近い。

問6

下線部 **(ウ)** の does は，後に change という動詞の原形があるので，【動詞の強調】を表す助動詞の用法である（▶139ページ「文法事項の整理⑫」参照）。

① 「彼はふだん，夕食後に宿題をする」

▶「する」という意味。第３文型（S＋V＋O）で用いられている一般動詞。

② 「タバコが有害無益であることは広く知られている」

▶「〜に〜を与える，及ぼす」という意味。第４文型（S＋V＋O＋O）で用いられている一般動詞。do 〜 harm で「〜に害を与える」，do 〜 good で「〜に利益を与える」。したがって，do 〜 more harm than good で「〜にとって有害無益だ」の意味になる。

③ **「彼は本当に妻を愛しているのだが，妻は愛していない」**

▶動詞の原形の前に does があるので，【動詞の強調】を表す助動詞の用法。これが正解。なお，後続の doesn't の does も助動詞（強調を表す用法ではない）で，あとに love her husband を補って考えるとよい。

④ 「私は兄よりも上手に書ける」

▶前に出た動詞の代わりをする代動詞の用法。ここでは writes の代用。

132

10 解答・解説

問7

① 「17人がこの研究で調べられた」

　▶第4段落第2文と一致。

② 「スモール医師は2週間のプログラムをするのに8人を選んだ」

　▶同段落第4文と一致。

③ 「テストの前，被験者のうち何人かは記憶に問題を抱えていた」

　▶同段落第3文参照。「全員」が記憶に不満を抱えていたので some が不適。

④ 「9人が比較のために選ばれ，特別なことを何もしなかった」

　▶同段落最終文と一致。

問8

　①と②は本文中に記述がない。③は第5段落第2文と一致。④は同段落最終文と逆の内容(less forgetful は「忘れにくくなった」の意味になる)。

問9

① **「遅くする，遅らせる」**

② 「明るくする，軽くする」

③ 「保護する」

④ 「解決する」

　delay は「延ばす，遅らせる」の意味。slow は「(速度を)遅くする，遅らせる」という意味があり，delay の意味に最も近い。

問10

① 「記憶と運動」

② 「年齢と物忘れ」

③ 「脳細胞とは何か」

④ **「脳の短期集中訓練」**

　この文章は The Boot Camp for the Brain (脳の短期集中訓練)について，第2段落で内容を説明し，第3〜5段落で具体的な調査とその結果，最終段落でそれに関する考察を述べている。

133

それでは次に,段落ごとに詳しくみていこう。

第1段落　文の構造と語句のチェック

¹Many people worry (about memory loss). ²It is normal 〈 to lose memory (as you get older)〉. ³(In fact), memory loss can begin (when someone is (in their twenties)). ⁴But how much of your memory do you have to lose, and (how quickly) does it have to happen? ⁵Research 〔 on the brain and memory 〕 is a huge area (these days). ⁶Doctors are looking for ways 〔 to help people improve their memory and possibly prevent loss 〕.

> **訳** ¹多くの人々が物忘れに悩む。²年をとるにつれて物忘れをするのは正常である。³実際,物忘れは20代で始まる場合もある。⁴しかし,記憶のうちどれほど多くを失わなければならないのか,また,どれほど速く物忘れが起こらなければならないのだろうか。⁵今日,脳や記憶に関する研究は大きな分野である。⁶医師たちは,人々が記憶力を改善したり,ひょっとしたら物忘れを防いだりするのを助ける方法を探している。

語句

memory	名 記憶,記憶力	brain	名 脳
loss	名 喪失	huge	形 巨大な
▶memory loss	記憶喪失,物忘れ	area	名 (学問の)分野,領域
normal	形 ふつうの,正常な	these days	熟 近頃では,今日では
in fact	熟 実際に	look for 〜	熟 〜を探す
in one's twenties	熟 20代で	improve	動 改善する,向上させる
quickly	副 速く,すぐに	possibly	副 ひょっとしたら
research	名 研究,調査	prevent	動 防ぐ,予防する

10　解答・解説

第2段落　文の構造と語句のチェック

¹Let us look at one program [to help memory], [called The Boot Camp for the
　　V　　　　　　O

Brain].　²What is The Boot Camp for the Brain?　³It is a two-week program
　　　　　　　　C　　V　　　　　　　S　　　　　　　S　V　　　　C

[developed by a psychiatrist [named Gary Small]].　⁴His program combines
　　　　　　　　　　　　　　　　　　　　　　　　　　　　　S　　　　　V

four elements: a special diet, daily physical activity, stress relieving exercises and ,
　　O　　　　　①　　　　　　　②　　　　　　　　　③　　　　　　　　　　　　　等接

(of course), memory exercises.　⁵The memory exercises take about 15 minutes (a
　　　　　　　　　④　　　　　　　　　　　　　S　　　　　　　V　　　　　O

day).　⁶Dr. Small claims ⟨ that this combination can improve your brain's function ⟩.
　　　　　S　　　V　　O　従接　　　S　　　　　　V　　　　　O

> **訳**　¹脳の短期集中訓練と呼ばれる，記憶力を助けるプログラムを1つ見てみよう。²脳の短期集中訓練とは何だろうか。³それはゲイリー・スモールという精神科医によって開発された2週間のプログラムである。⁴彼のプログラムは4つの要素を組み合わせる。それは，特別な食事，日々の身体的活動，ストレスを軽減する訓練，そしてもちろん記憶力の訓練だ。⁵記憶力の訓練は1日に約15分を要する。⁶スモール医師はこの組み合わせによって脳の機能が改善できると主張する。

語句

program	名	プログラム，計画	**physical**	形	身体的な
boot camp	熟	短期集中訓練	**activity**	名	活動
develop	動	開発する	**relieve**	動	軽減する，和らげる
combine	動	組み合わせる，結合させる	**exercise**	名	運動，訓練／動 運動する
element	名	要素	**claim**	動	主張する
diet	名	日々の食事	**combination**	名	組み合わせ，結合
			function	名	働き，機能

第3段落　文の構造と語句のチェック

¹Michele Rubin is one of Dr. Small's success stories.　²Rubin is a 46-year-old mother
　　S　　　　　V　　　　　C　　　　　　　　　　　　　　　　S　　V　　　　C

[of three teenagers].　³(At the start of the program), her memory tested (as
　　　　　　　　　　　　　　　　　　　　　　　　　　　　　　　　S　　　　V

135

average (for her age). ⁴(When she took memory tests (after the program)),
　　　　　　　　　　　　従接　S　V　　　　O

her memory was equal (to a 20-year-old person). ⁵Rubin says ⟨ that (a few years
　S　　　V　　C　　　　　　　　　　　　　　　　　S　　V　O　従接

ago) she started to feel ⟨ that she was forgetting things ⟩ and ⟨ that her memory
　　　S　　V　　　O 従接　S　　V　　　O　　等接 O 従接　　S

was not as good as it used to be ⟩). ⁶She says ⟨ that the program was life-changing ⟩.
　V　　C　　　　　　　　　　　　　　S　V　O 従接　　S　　　V　　　C

⁷(Since completing the program), (in addition to ⟨ exercising more ⟩ and
　　　　　　　　　　　　　　　　　　　　　　　　　　　　　①
　　　　　　　　　　　　　　　　　　　　　　　　　　　　　　　　　　　　　等接

⟨ improving her diet ⟩), she has started ⟨ using memory strategies ⟩, (reading non-
　　②　　　　　　　　S　　V　　　　O　　　　　　　　　　①

fiction and doing crossword puzzles). ⁸She also helps her children (with their
　　　　②　　　　　　　　　　　　　　S also　V　　O
　等接

math homework)(as a way [to work her brain]).

訳 ¹ミシェル・ルービンはスモール医師の成功談の１例である。²ルービンは３人の10代の子どもを持つ46歳の母親だ。³プログラムの最初，彼女の記憶力のテストの結果は年齢としては平均だった。⁴プログラム終了後に記憶力のテストを受けたとき，彼女の記憶力は20歳の人と同等であった。⁵ルービンは，数年前，物忘れをするようになり，また記憶力が以前ほどよくないと感じ始めたと言う。⁶そのプログラムは人生を変えるものだったと彼女は言う。⁷プログラムを完了して以来，彼女は運動量を増やしたり食事を改善することに加え，ノンフィクションを読んだりクロスワードパズルをしたりして記憶戦略を使い始めた。⁸彼女はまた，自分の脳を働かせる方法として，子どもの数学の宿題を手伝っている。

語句

success story	名 成功談, サクセスストーリー	be equal to ~	熟 ~に等しい
teenager	名 ティーンエージャー(10代の若者)	used to *do*	熟 かつては~だった
at the start of ~	熟 ~の最初に	life-changing	形 人生を変えるような
test	動 テスト[試験, 検査]の結果が~となる	complete	動 終える, 修了する
		in addition to ~	熟 ~に加え, ~だけでなく
	名 テスト[試験, 検査]	strategy	名 戦略
average	形 平均的な	non-fiction	名 ノンフィクション
for *one's* age	熟 年齢の割に, 年齢を考慮すると	work	動 (身体の一部などを)動かす, 働かせる

136

10 解答・解説

第4段落　文の構造と語句のチェック

[1]Dr. Small says 〈 that he has evidence 〈 that the two-week boot camp program
　　S　　　V　　O 従接　S　V　　　O　　従接(同格)　　　　　S

does in fact change the brain 〉〉. [2]He did a study 〔 with 17 volunteers 〕.
　　V　　　　　O　　　　　　　　　　S　V　　O

[3]All of the volunteers had mild memory complaints. [4]Dr. Small randomly chose
　　　S　　　　　　　　V　　　　O　　　　　　　　　S　　　　　　　V

eight people 〔 to participate in The Boot Camp for the Brain 〕, and
　O　　　　　　　　　　　　　　　　　　　　　　　　　　　　　　　　　等接

the remaining nine people did nothing different.
　　　　S　　　　　　　　V　　O

> **訳** [1]スモール医師は，2週間の短期集中訓練で実際に脳に変化が起こるという証拠があると
> 言う。[2]彼は17人のボランティア被験者に対して研究を行った。[3]被験者の全員が軽度の記憶
> の不満を抱えていた。[4]スモール医師は脳の短期集中訓練に参加する8人を無作為に選び，
> 残りの9人は何も違うことをしなかった。

語句

evidence	名 証拠		randomly	副 無作為に
volunteer	名 ボランティア		choose	動 選ぶ
mild	形 (症状が)軽い			*活用：choose-chose-chosen
complaint	名 不平, 不満		participate (in ～)	熟 (～に)参加する
			remaining	形 残りの

第5段落　文の構造と語句のチェック

[1]They did brain scans 〔 on all 17 people 〕 (①before and ②after the program).
　S　V　　O　　　　　　　　　　　　　　　　　　　　　　　　等接

[2]Dr. Small says 〈 that the eight people 〔 who participated 〕 developed
　　S　　　V　　O 従接　　　S　　　　　関代　　V　　　　　V

significantly more efficient brain cell activity 〔 in a front part of the brain 〔 that
　　　　　　　　　　　　O　　　　　　　　　　　　　　　　　　　　　　　　　　　　関代

controls everyday memory tasks 〕〕. [3]The people 〔 who participated 〕 also said
　V　　　　　　O　　　　　　　　　　　S　　　　関代　　V　　　　　　　　V

137

⟨ that they felt less forgetful (after the program)⟩.
O 従接　S　　V　　　C

訳 ¹彼らはプログラムの前後に17人全員に脳のスキャンを行った。²スモール医師は，参加
した8人が，毎日の記憶作業を制御する脳の前部において著しくより効率的な脳細胞活動
を発達させたと言う。³参加者もまた，プログラム終了後は以前ほど物忘れがひどくないと
感じると言った。

語句

scan	名	スキャン（脳や内臓の精密検査）	front	形	前の，前方の
develop	動	発達［発展］させる	control	動	制御する，操る
significantly	副	著しく，かなり	everyday	形	毎日の
efficient	形	効率の良い，効率的な	task	名	作業，任務
cell	名	細胞	forgetful	形	忘れっぽい，物忘れがひどい

第6段落　文の構造と語句のチェック

¹Dr. Small emphasizes ⟨①that this study was very small ⟩ and ⟨②that
　S　　　　V　　　　　O 従接　　S　　　V　　　C　　　　　等接 O 従接

a larger study is needed ⟩. ²But he still feels ⟨ that the results are important ⟩.
　　S　　　　V　　　　　　　等接 S　　V　O 従接　　S　　　V　　C

　　　　　　　　　　　　　　　━ 従接 that 省略
³Other scientists say ⟨ they are cautiously optimistic (about Small's approach)⟩.
　　S　　　　　V　O S　　V　　　　　C　　　　　　　　　　　　　

　　　　━ 従接 that 省略　　　　　　　　　　　　━ 従接 that 省略
⁴They feel ⟨①more research is needed ⟩, but ②say ⟨ it is possible ⟨ that The Boot
　S　　V　O　　S　　　　V　　　　等接　V O仮S V　　C　真S 従接

Camp for the Brain could delay serious memory problems ⟩⟩.
　　　　S　　　　　　　　V　　　　　　O

訳 ¹スモール医師はこの研究が非常に小規模のものであり，より大規模な研究が必要だと強
調する。²しかし，彼はそれでも，この調査結果は重要だと感じている。³他の科学者たちはス
モール医師の手法に慎重ながらも楽観的だと言う。⁴彼らはさらなる調査が必要だと感じて
いるが，脳の短期集中訓練が深刻な記憶障害を遅らせる可能性はあると言う。

語句

emphasize	動	強調する	optimistic	形	楽観的な
result	名	結果	approach	名	取り組み（方），研究方法
scientist	名	科学者	possible	形	可能性がある
cautiously	副	用心深く，慎重に	delay	動	遅らせる
			serious	形	深刻な，重大な

10 解答・解説

文法事項の整理⑫　強調のdo

第4段落第1文の does について見てみよう。

Dr. Small says that he has evidence that the two-week boot camp program **does** in fact change the brain.

〈do [does / did] ＋動詞の原形〉は【動詞の強調】を表し,「**確かに [実際に／本当に] ～する**」などと訳す。また, 命令文の場合は「**ぜひ [必ず] ～しなさい**」のように訳す。

例　He <u>does</u> understand what you said.
「彼はあなたが言ったことをちゃんと理解していますよ」
例　"You didn't say that." 「君はそんなことは言わなかったよ」
"I <u>did</u> say that!" 「いや, 確かに言った！」
例　<u>Do</u> come to see us. 「ぜひ会いにいらっしゃい」

▶第4段落第1文の does は, 直後の in fact を取り除くと, その後に動詞の原形 change があるので,【動詞の強調】を表すことがわかる。

139

語句リストの復習

次の和訳と対応する英語を，ヒントを参考にして書き，空欄を完成させよう。

- 20点 → パーフェクト！ 語彙力が武器になります！
- 16〜19点 → その調子！ 着実に身についています。
- 12〜15点 → もう一度取り組むと安心です。
- 11点以下 → 要復習！ 声に出して読むと覚えやすいでしょう。

/20点

①	n		形	ふつうの，正常な
②	i		動	改善する，向上させる
③	c		動	組み合わせる，結合させる
④	e		名	要素
⑤	d		名	日々の食事
⑥	p		形	身体的な
⑦	r		動	軽減する，和らげる
⑧	f		名	働き，機能
⑨	be e	to 〜	熟	〜に等しい
⑩	c		動	終える，修了する
⑪	in a	to 〜	熟	〜に加え，〜だけでなく
⑫	s		名	戦略
⑬	e		名	証拠
⑭	v		名	ボランティア
⑮	r		副	無作為に
⑯	p	（in 〜）	熟	（〜に）参加する
⑰	f		形	忘れっぽい，物忘れがひどい
⑱	e		動	強調する
⑲	o		形	楽観的な
⑳	d		動	遅らせる

答 ① normal ② improve ③ combine ④ element ⑤ diet ⑥ physical ⑦ relieve ⑧ function
⑨ equal ⑩ complete ⑪ addition ⑫ strategy ⑬ evidence ⑭ volunteer ⑮ randomly
⑯ participate ⑰ forgetful ⑱ emphasize ⑲ optimistic ⑳ delay

140

ディクテーションしてみよう！ 🔊 57-62

今回学習した英文に出てきた単語を，音声を聞いて □□□ に書き取ろう。

Many people worry about memory loss. It is **❶** n_____ to lose memory as you get older. In fact, memory loss can begin when someone is in their twenties. But how much of your memory do you have to lose, and how quickly does it have to happen? Research on the brain and memory is a huge area these days. Doctors are looking for ways to help people **❷** i_____ their memory and possibly prevent loss.

Let us look at one program to help memory, called The Boot Camp for the Brain. What is The Boot Camp for the Brain? It is a two-week program developed by a psychiatrist named Gary Small. His program combines four **❸** e_____ : a special diet, daily physical activity, stress **❹** r_____ exercises and, of course, memory exercises. The memory exercises take about 15 minutes a day. Dr. Small claims that this combination can improve your brain's function.

Michele Rubin is one of Dr. Small's success stories. Rubin is a 46-year-old mother of three teenagers. At the start of the program, her memory tested as average for her age. When she took memory tests after the program, her memory was **❺** e_____ to a 20-year-old person. Rubin says that a few years ago she started to feel that she was forgetting things and that her memory was not as good as it used to be. She says that the program was life-changing. Since **❻** c_____ the program, in addition to exercising more and improving her diet, she has started using memory strategies, reading non-fiction and doing crossword puzzles. She also helps her children with their math homework as a way to work her brain.

Dr. Small says that he has evidence that the two-week boot camp program does in fact change the brain. He did a study with 17 **❼** v_____ . All of the volunteers had mild memory complaints. Dr. Small **❽** r_____ chose eight people to

141

participate in The Boot Camp for the Brain, and the remaining nine people did nothing different.

They did brain scans on all 17 people before and after the program. Dr. Small says that the eight people who participated developed significantly more efficient brain cell activity in a front part of the brain that controls everyday memory tasks. The people who participated also said that they felt less ⁹ f⎵⎵⎵⎵⎵⎵⎵⎵ after the program.

Dr. Small emphasizes that this study was very small and that a larger study is needed. But he still feels that the results are important. Other scientists say they are cautiously optimistic about Small's approach. They feel more research is needed, but say it is possible that The Boot Camp for the Brain could ⁱ⁰ d⎵⎵⎵⎵ serious memory problems.

答 ❶ normal ❷ improve ❸ elements ❹ relieving ❺ equal ❻ completing ❼ volunteers
❽ randomly ❾ forgetful ❿ delay

142

10 解答・解説

143

出典一覧：

英文 1：広島経済大学　英文 2：*Health Buzz: 'SpongeBob' May Impair Kids' Focus* by Angela Haupt, from *U.S. News and World Report* (2011). Reproduced with permission by Wright's Media.　英文 3：*Staying Healthy by Washing Your Hands* by Nancy Steinbach, from Voice of America (2007)　英文 4：From Malarcher. *Reading Advantage 2*, 2E. © 2004 Heinle/ELT, a part of Cengage, Inc. Reproduced by permission. www.cengage.com/permissions　英文 5：*Select Readings, Pre-Intermediate, Second Edition* © Linda Lee, Oxford University Press　英文 6：*World Water Day 2012* © 2012 Voice of America　英文 7：*Palaeolithic diet: Should we all eat like cavepeople?* © BBC Future　英文 8：From THE CAT by Muriel Beadle. Copyright © 1977 by Muriel Beadle. Reprinted with the permission of Fireside, a division of Simon & Schuster, Inc. All rights reserved.　英文 9：*What is Airbnb and why is it so controversial?* © Independent (London Evening Standard)　英文 10：*Open Forum 1: Answer Key and Test Booklet* © Oxford University Press